Original en couleur
NF Z 43-120-8

Couverture inférieure manquante

LES
MANUSCRITS GRECS
DE BÉRAT D'ALBANIE
ET
LE CODEX PURPUREUS Φ,

PAR

PIERRE BATIFFOL,
PRÊTRE DU CLERGÉ DE PARIS.

EXTRAIT DES ARCHIVES DES MISSIONS SCIENTIFIQUES ET LITTÉRAIRES

TROISIÈME SÉRIE. — TOME TREIZIÈME.

PARIS.
IMPRIMERIE NATIONALE.

M DCCC LXXXVI.

LES MANUSCRITS GRECS

DE BÉRAT D'ALBANIE

ET

LE CODEX PURPUREUS Φ.

4

PARIS.

LIBRAIRIE ERNEST LEROUX.

Rue Bonaparte, 28.

LES

MANUSCRITS GRECS

DE BÉRAT D'ALBANIE

ET

LE CODEX PURPUREUS Φ,

PAR

PIERRE BATIFFOL,

PRÊTRE DU CLERGÉ DE PARIS.

EXTRAIT DES ARCHIVES DES MISSIONS SCIENTIFIQUES ET LITTÉRAIRES,
TROISIÈME SÉRIE. — TOME TREIZIÈME.

PARIS.

IMPRIMERIE NATIONALE.

M DCCC LXXXVI.

V. CL.

LUDOVICO DUCHESNE

BENEMERENTI.

a

LES

MANUSCRITS GRECS

DE BÉRAT D'ALBANIE

ET

LE CODEX PURPUREUS Φ.

I

Bérat [1] est une petite ville turque située à l'entrée des gorges de
l'Apsus : il faut une quinzaine d'heures, à cheval, pour aller du
port le plus voisin, Avlona, à Bérat : il n'y a pas de route. La ville
est musulmane : ses minarets s'aperçoivent de loin, dominant ses
maisons blanches et ses jardins, et aux portes on rencontre les
inévitables tombeaux de babas. Le bazar est le centre de la ville :
on y rencontre l'hadji vert et l'odgia en turban, des militaires ou
des fonctionnaires turcs; çà et là des Ghègas et des Vlakis, ou
des marchands du côté d'Elbassan; enfin nombre de juifs re-
connaissables à leurs fez noirs; mais la foule, comme la langue,
est albanaise. La ville haute est entourée de vieilles murailles
byzantines demi-ruinées : c'est le Kastro, terre grecque et chré-
tienne, où l'on ne rencontre pas une boutique, pas une mosquée.
La population en est exclusivement hellénique. Là se trouve la

[1] L'histoire ancienne de Bérat se résume en une mention de Tite-Live (xxxi,
27), encore est-ce à la condition d'identifier la ville actuelle avec l'ancienne Anti-
patria, ce qui n'est qu'à peu près exact, Antipatria devant se trouver un peu en
amont de l'Apsus, je crois. Le siège épiscopal de Bérat ne date que de la dispa-
rition des évêchés de Byllis, Apollonie, Amantia, Canina, Aulon, c'est-à-dire du
xv⁰ siècle. Cf. Lequien, *Oriens Christianus* (1740), t. II; dioc. de l'*Illyricum*.

maison épiscopale, la « sainte métropole ». J'étais descendu dans
le Kastro et j'y avais loué une maison dont les fenêtres s'ouvraient
sur les remparts : on y avait comme une vision de la vie byzan-
tine « dans le thème de Belgrade » au moyen âge [1].

J'ai été reçu dans la « métropole » par l'archevêque *orthodoxe*, un
prélat excellent et d'une grande érudition, M. Anthime Alexoudis.
Métropolitain d'un vaste diocèse, il a consacré ce que l'adminis-
tration lui laissait de loisirs à cultiver l'archéologie. Il est membre
correspondant du Syllogue de Constantinople, où on ne le cite
jamais sans lui donner l'épithète de Φιλόμουσος, et M. Anthime
Alexoudis l'a bien méritée. Il a relevé des inscriptions, publié des
médailles [2], réuni dans sa maison une collection modeste mais
précieuse d'objets antiques [3], et l'on ne pourrait lui savoir trop
de gré de la bonne grâce avec laquelle il fait les honneurs de sa
métropole.

Bérat même n'a rien d'antique : on n'y a relevé aucun monu-
ment, aucune inscription de haute époque. Il lui est arrivé seule-
ment de recueillir des épaves, et c'est ainsi qu'elle possède quelques
manuscrits, peu nombreux à vrai dire, mais dont quelques-uns
sont de la meilleure antiquité. Il importe de dire comment et par
qui ils me furent signalés [4].

En 1875, M. Duchesne, chargé d'une mission au mont Athos,
s'était détourné de sa route jusqu'à Patmos pour y copier les frag-
ments N du Nouveau Testament grec. Le conservateur de la biblio-
thèque du couvent du « Théologue », M. Sakkélion, aujourd'hui à

<hr />

[1] Georges Pachymère fait une description de Bérat étendue et très exacte
(*Hist. Michael. Palæolog.*, l. VI, c. xxxii. — Migne, *Patr. Græcq.*, t. CXLIII,
col. 971 *sqq.*). Cf. Leake, *Travels in Northern Greece* (Londres, 1835), t. I,
p. 359 *sqq.* et Marguritis Dimitza, Ἀρχαία γεωγραφία τῆς Μακεδονίας (Athènes,
1870), à l'article Belgrade.

[2] Dans les *Mémoires* du Syllogue de Constantinople.

[3] Nous avons publié un bronze et une terre cuite de sa collection dans le
Bulletin de la Société des antiquaires de France, 1885, p. 220 *sqq.* Notre ami
M. Beurlier a fait suivre nos deux dessins d'un commentaire archéologique.

[4] Je ne sache pas qu'aucun des voyageurs qui de nos jours ont visité l'Épire
ait rien dit des manuscrits de Bérat : ce n'est pas Pouqueville (*Voyage en Grèce*,
Paris, 1820-1822), ni Leake (*ubi supra*), ni Gaultier de Claubry (*Guide* d'Isam-
bert, éd. de 1876, p. 857), ni von Hahn (*Albanesische Studien*, Jena, 1854),
ni Aravandinos (Χρονογραφία τῆς Ἠπείρου, Athènes, 1856-1857), ni M. Gil-
liéron (*Grèce et Turquie*, Paris, 1877), ni Knight (*Albania*, Londres, 1880), ni,
m'assure-t-on, M. de Gubernatis.

Athènes, lui signala d'après une brochure grecque un manuscrit
proche parent, assurait-on, des fragments N et comme eux sur
pourpre à encre d'argent. Bonne note en fut prise par M. Duchesne,
qui n'y fit allusion qu'une fois, dans un article critique, en 1881,
comme pour prendre date [1]. Personne ne s'en émut en pays
grec, sinon en Allemagne [2], et l'on peut dire que, en 1884, M. Du-
chesne était dans le monde savant le seul à connaître l'existence
de ce manuscrit pourpre. Le jour où il m'offrit d'aller le recon-
naître, je pris quelque supplément d'informations. Elles me furent
fournies par M. Sauvaire, consul de France à Janina, qui m'écri-
vit à la date du 27 novembre 1884 : « L'archevêque métropolitain
de Bérat, Anthime Alexoudis, a publié, il y a quelques années,
en langue grecque une *Description abrégée et historique de la sainte
métropole de Belgrade, aujourd'hui Bérat* [3] ; cet ouvrago, qui n'a eu
qu'une publicité modérée et dont aucune traduction, je pense,
n'a été faite, contient les pages suivantes, dont je me permets de
vous faire la traduction tout à fait littérale : « Ch. IX. *Vieux livres
» manuscrits sur parchemin.* La métropole de Bérat contient encore
» les livres saints manuscrits suivants : 1° un saint évangile se trou-
« vant dans l'église paroissiale de l'Annonciation du Kastro, à
« Bérat, cru et honoré par tous les habitants chrétiens, d'après une
» tradition ancienne, comme manuscrit de notre père saint Jean
» Chrysostome, archevêque de Constantinople, à la fête duquel
» une messe pontificale est chantée chaque année, messe pendant
« laquelle ce manuscrit est exposé dans l'église, où tous les chré-
» tiens accourent en foule le baiser avec dévotion, honneur et res-
» pect. Les lettres des mots de ce saint évangile sont tracées en or
» ainsi que les lettres initiales de chaque paragraphe, qui sont ma-

[1] *Bulletin critique*, 15 avril 1881, t. I, p. 451, note 1 : « Le signataire de ce
compte rendu a le plaisir de pouvoir annoncer qu'il existe un cinquième spécimen
de manuscrit grec en parchemin couleur pourpre écrit en lettres d'argent. Le ma-
nuscrit en question contient, comme celui de Rossano, le texte des évangiles de
saint Mathieu et de saint Marc. »

[2] *Novum Testamentum græce (ed. oct. crit. major)* de Tischendorf, vol. III,
Prolegomena de G.-R. Grégory (1884), p. 409, note 2.

[3] En voici le titre exact : Σύντομος ἱστορικὴ περιγραφὴ τῆς ἱερᾶς μητροπό-
λεως Βελεγράδων καὶ τῆς ὑπὸ τὴν πνευματικὴν αὐτῆς δικαιοδοσίαν ὑπαγομένης χώρας
νῦν πρῶτον συνταχθεῖσα καὶ ἰδίοις ἀναλώμασι τύποις ἐκδοθεῖσα ὑπὸ τοῦ μητροπο-
λίτου Βελεγράδων Ἀνθίμου Δ. Ἀλεξούδη τοῦ ἐκ Μαδύτων τῆς Θρακικῆς Χερσονήσου·
ἐν Κερκύρᾳ· Τυπογραφεῖον ἡ Ἰονία ἀδελφῶν Κάων· 1868.

« juscules. Au commencement de chacun des quatre évangiles, il
« y a l'image de chacun des quatre évangélistes peinte en or.
« 2° Un autre évangile très ancien, renfermant le texte des évangé-
« listes Mathieu et Marc seulement, se trouve dans l'église Saint-
« Georges de la même paroisse : les caractères en sont tracés avec
« de l'argent sur parchemin couleur cerise foncé, et les majuscules
« sont écrites avec de l'or et de l'argent en forme de ronde. Sur
« un des côtés de la couverture est écrit, avec des lettres d'une
« époque ancienne, l'avis suivant : « Voyez les lettres de cet évan-
« gile écrites par les propres mains de saint Jean Chrysostome, lors-
« qu'il était dans sa patrie, à Antioche, diacre de l'évangile... »
« 3° Un autre évangile manuscrit grand et volumineux, relié en
« argent comme les deux précédents, est la propriété de notre église
« cathédrale. Dans la même église, il y a encore un autre évan-
« gile écrit sur parchemin et dans un petit format. 4° Enfin il y
« a encore deux évangiles manuscrits sur parchemin blanc dans
« l'église de la paroisse Mangalémi [1]. »

Ainsi c'est d'après ce passage de la brochure de M. Alexoudis
que nous avons eu le signalement des manuscrits de Bérat. J'ai
tenu à le dire tout d'abord pour répondre à certaines insinuations
que l'on a cru devoir émettre à Athènes [2] : M. Sakkélion a réclamé
pour M. Alexoudis la priorité de la découverte du *Beratinus*, et,
pour faire valoir les droits de l'évêque archéologue, il a cité tout
au long les lignes que nous venons de transcrire, comme si nous
les eussions ignorées. On voit qu'il n'en était rien.

II

La *collection* de manuscrits qui se trouve à Bérat se partage en
plusieurs groupes. Chaque église, et il y en a plusieurs, possède
parmi ses livres liturgiques quelque manuscrit : ainsi l'église de
Saint-Georges, ainsi l'église de l'Annonciation. De plus, l'évêque
est personnellement propriétaire d'un certain nombre de manu-
scrits qu'il garde dans sa maison épiscopale, la métropole. Avant
d'en venir au *Beratinus* proprement dit, arrêtons-nous un instant
à ces différents manuscrits.

[1] Voir à l'appendice le texte même de M. Alexoudis.
[2] Dans le journal l'Έδόμάς, n° du 14 juillet 1885.

Les uns sont des manuscrits communs : tous ceux que j'ai vus sont chez l'archevêque, dans un état d'abandon et de délabrement misérable. On a eu quelque scrupule à me les communiquer, et en fait je n'ai pu les étudier que dans les dernières heures de mon séjour à Bérat : il ne m'a été permis d'en dresser qu'un inventaire très bref, encore ne suis-je nullement sûr d'avoir tout vu. Ces manuscrits se rapportaient tous à des matières ecclésiastiques. J'ai relevé trois volumes de ménées. Le premier (I) était un manuscrit de papier, de format in-quarto, écriture du xv° siècle. Le second (II), d'une écriture un peu plus ancienne que celle du précédent, était aussi un manuscrit de papier, de format petit in-folio. Le troisième (III) datait de la fin du xii° siècle ou du commencement du xiii°; petit in-folio comme le précédent, mais de parchemin. Je signale encore deux volumes d'homélies. Le premier (IV) était un recueil εἰς τὸν Μάρκον, manuscrit de vélin, format grand in-quarto, écriture de la fin du xii° siècle ou du commencement du xiii°. Le second (V) était mieux conservé : c'était un recueil des homélies de saint Jean Chrysostome sur saint Jean, et le manuscrit était de vélin, mesurant 22 centimètres sur 15 et comptant trois cent dix-sept feuillets à une colonne (vingt lignes par colonne). Il datait à peu près de la même époque que le précédent. A ces cinq manuscrits, il faut joindre : un recueil de règles et ordonnances ecclésiastiques récentes, chartaceus in-quarto du xv° siècle (VI); un lectionnaire mutilé, membranaceus in-quarto du xiii° siècle (VII); un diptyque très mutilé aussi, chartaceus, relié en bois, mesurant 22 centimètres sur 15, et ne comptant plus que soixante-sept feuillets; l'écriture était de la fin du xiv° siècle. Ce livre de diptyques était celui du monastère du *Philanthrope*, comme l'indique le titre, ἀρχὴ τῶν διπτύχων τῆς μονῆς τοῦ Φιλανθρώπου, et, m'a-t-on assuré, du Philanthrope de Jannina [1] (VIII). Un autre diptyque de la même époque, dans un état pire encore que le précédent et ne possédant plus que vingt-trois feuillets : il mesurait 21 centimètres sur 14 et avait appartenu au monastère de Saint-Georges : [δίπτυχα] τῆς μονῆς τοῦ ἁγίου Γεωργίου; on aura l'occasion d'y revenir (IX). Je signalerai enfin deux manuscrits scripturaires : un exemplaire des Actes des apôtres (X) comptant quatre-vingt-dix-huit feuillets de parchemin et mesurant 22 centimètres

---

[1] Cf. Sathas, *Bibliotheca graeca medii aevi*, t. III (1872), p. xcvii.

sur 16. Chaque feuillet était à une colonne, chaque colonne comptait dix-sept lignes. L'écriture était d'assez bonne cursive du xıı° siècle, et le manuscrit lui-même portait la date de 1158 (a. m. 6666). Le texte était accompagné de scolies marginales et orné de bandeaux dorés. Puis (XI) un évangile cursif remontant au xı° siècle, membranaceus de deux cent cinquante-cinq feuillets, mesurant 21 centimètres sur 16, à une colonne de vingt-cinq lignes par feuillet. Le manuscrit était entier et présentait les quatre évangiles dans l'ordre reçu. La lettre à Carpianus manquait; les canons d'Eusèbe figuraient en tête du volume, et, au cours du texte, en manchette, les notes ammonio-eusébiennes et les κεφάλαια. Quatre miniatures médiocres et d'un type banal représentaient les quatre évangélistes; quelques bandeaux grossiers complétaient la décoration [1].

A côté de ces manuscrits communs, il faut signaler quelques manuscrits calligraphiques plus importants.

Dans le faubourg de Mangalémi, à l'entrée du vieux pont du Bératinos, on m'avait signalé une église restaurée récemment et qui porte le vocable de la *Dormition de la Vierge*, Κοίμησις τῆς Παναγίας : elle possédait, m'assurait-on, un évangile du ıv° siècle [2]. J'y descendis un peu ému et je trouvai un évangile qui n'était que de huit siècles plus moderne (XII). C'est un manuscrit de parchemin de deux cent soixante feuillets in-quarto; l'écriture est cursive et du xıı° siècle. Il renferme les quatre évangiles dans l'ordre reçu; en tête, les canons d'Eusèbe; au cours du texte, les κεφάλαια et les notes ammonio-eusébiennes. En avant du manuscrit, on a inséré vingt feuillets de papier où une main moderne a transcrit le *Synaxaire*. Dans le volume, on trouve quatre miniatures à pleine page représentant les quatre évangélistes sur fond d'or et enluminées de couleurs très délicates. Les en-têtes sont ornés de bandeaux légers, et les canons d'Eusèbe encadrés de colonnettes et d'arcades fleuronnées d'un joli travail [3]. Chacun des feuillets décorés est

---

[1] Aucun de ces onze manuscrits n'est signé.

[2] La même personne m'a signalé l'église d'Argyro Kastro comme possédant un évangile du premier siècle. La foi m'a manqué pour faire la course d'Argyro Kastro et reconnaître cette précieuse relique.

[3] Comparez dans M. Bordier, *Description des peintures et ornements des manuscrits grecs de la Bibliothèque nationale* (1884), p. 129, la description du *Suppl. gr.* 75.

recouvert d'un voile de soie pourpre, ancien [1]. Le manuscrit porte la souscription suivante :

Τὸ παρὸν ἅγιον εὐαγγέλιόν ἐδόθη πρὸς τὴν ἁγίαν μονὴν τὴν Ἐλέουσαν ἤτοι τὴν Νέαν Μονὴν παρὰ τοῦ περιποθήτου Θείου τοῦ Φαιδίμου βασιλέως κύρου Θεοδώρου Κομνηνοῦ τοῦ Λασχάρεως, Ἰωάννου τοῦ Ἀγγέλου τοῦ μετονομασθέντος διὰ τοῦ ἁγίου καὶ ἀγγελικοῦ σχήματος Καλλινίκου μοναχοῦ. Καὶ οἱ ἀναγινώσκοντες τοῦτο εὔχεσθε αὐτὸν διὰ τὸν Κύριον ἵνα καὶ ὁ Θεὸς ἐλεήσῃ ἡμᾶς.

Ce monastère de Notre-Dame-de-Pitié est peut-être le même que celui de Mesembria [2].

L'église épiscopale possède un évangéliaire sur parchemin à reliure d'argent (XIII). Le nombre des feuillets est de trois cent dix, leur hauteur de 350 millimètres, leur largeur de 285 millimètres, chaque feuillet est à deux colonnes. L'écriture est de grande cursive du xi° siècle ou du commencement du xii°. Les initiales sont de belle majuscule, hors colonne et d'une hauteur qui varie de 35 à 50 millimètres; elles sont dorées et teintées de bleu pâle. Les titres sont aussi dorés, mais en minuscule, relevés légèrement de cinabre. Chaque leçon est séparée de la suivante par un bandeau or et bleu pâle [3].

III

A ces deux manuscrits calligraphiques, il faut ajouter deux manuscrits d'un genre différent et à part : la *Liturgia argentea* et le *Codex aureus Anthimi*.

Les spécimens de la chrysographie byzantine sont en fort petit nombre [4]. Je vois citer un psautier à Londres, un évangile à Flo-

---

[1] Ces petits voiles de soie destinés à protéger les peintures se retrouvent dans quelques manuscrits. Ainsi Bibl. nat. gr. 351, 1242, etc.

[2] Nous trouvons en effet un monastère de l'Éléoussa ressortissant au diocèse de Mesembria (Miklosich et Müller, *Acta patriarchatus C. P^ni*, t. II, chart. 351) dans un diplôme du xiv° siècle ; mais comment l'identifier avec le nôtre? surtout étant donné qu'il y a encore une Éléoussa à Nauplie (Sathas, *Bibl. gr. medii ævi*, III, 559, d'après un document de 1611), et une *Néa Μονή* à Chio (Miklosich et Müller, *Acta et diplomata græca*, t. III, p. 261). Pour l'identification de ce Comnène devenu moine, voir les *Notes additionnelles*.

[3] A rapprocher du *Parisinus gr. 660* (Bordier, *op. cit.*, p. 196).

[4] Wattenbach, *Das Schriftwesen im Mittelalter* (1875), p. 110 sqq., Gardthausen, *Griechische Palæographie* (1879), p. 85. Cf. l'article *Chrysographia*, de M. Graux, dans le *Dictionnaire des antiquités* de Daremberg et Saglio.

rence, un évangile à Saint-Pétersbourg; encore ce dernier seul est-il sur vélin pourpre [1]. Avec le fragment d'Uspenky [2], je n'en connais pas d'autre [3]. Les manuscrits sur pourpre à encre d'argent ne sont pas plus répandus [4] : on ne connaît que la Genèse illustrée de Vienne, le psautier de Zürich, l'évangile de Patmos, l'évangile de Rossano; si nous y ajoutons les feuillets palimpsestes de Dublin [5] et un évangéliaire de Vienne (ixᵉ siècle), nous aurons le catalogue complet des manuscrits pourpres et à encre d'argent connus jusqu'à ce jour. La collection de Bérat nous permet d'augmenter de trois manuscrits nouveaux cet inventaire bien court.

Le premier de ces manuscrits est la propriété personnelle de M. Alexoudis; je n'en ai pas pu connaître la provenance. C'est une *Liturgie de saint Chrysostome* écrite en bonne cursive que l'on pourrait faire remonter sans peine au xiiᵉ siècle; l'encre est d'argent, mais les noms divins et le *memento* sont chrysographiés, ainsi que le titre. Le texte est écrit, non sur feuillets, mais sur un rouleau de parchemin pourpre, long de deux mètres quatre-vingt-cinq centimètres (2ᵐ,85) et large de vingt-six centimètres (0ᵐ,26). L'extrémité inférieure est mutilée; le rouleau est écrit des deux côtés en une colonne large de treize centimètres (0ᵐ,13). Le memento est ainsi conçu :

μνήσθητι κε καὶ
τῶν σῶν δούλων · νικολάου
ἑλένης · γρηγορίου · νικολ=
ἀναστασίας ᾱ · υκταλίας ᾱ ·
ὑπατίας · ζένης ᾱ · δημη
τρίου καὶ ἀννῆς [6]

---

[1] J. Belsheim, *Das Evangelium des Marcus nach dem griechischen Codex Theodoræ*, Christiania, 1885. Cf. Papadopoulos, *Palaeographikon Deltion* (Constantinople, 1885), p. 5.

[2] Grégory, *Prolegomena*, p. 384.

[3] Cf. Fabricius, *Bibl. eccles.* (1712), p. 58; Héfélé, *Histoire des conciles* (éd. franç.), I, 250; Bordier, *Description*, p. 205 (à propos du *Coislin*, 239).

[4] Wattenbach, *loc. cit.*, et Westwood, *Palaeographia sacra pictoria*, art. *Purple greek mss*. Cf. Gebhardt et Harnack, *Evangeliorum Codex Rossanensis*, *seine Entdeckung*... (1880), p. 5, et des mêmes, *Texte und Untersuchungen zur Geschichte der altchristlichen Literatur*, t. I, fasc. 4, p. 7, sqq.

[5] Grégory, *op. cit.*, p. 399.

[6] Il est certain qu'Anastasie, Natalie, Hypatie et Zené sont des religieuses,

ἰδοὺ ...
... τὸ μα...μου προ προ
... ...συ· οὐ βαπασιλ...ασ
τὴν ὁδο.. σου ἔμπροσθέν σου·
... ...ρτο σὸν τῆ ...ρημω· ...οι

CODEX AUREUS ANTHIMI.

μνήσθητι ΚΕ καὶ
τῶν σῶν δούλων· νικολάο
ελενης· γρηγοριον· νικολα
αναστασιασ α·

LITURGIA ARGENTEA.

Le manuscrit que, par gratitude pour M. Anth. Alexoudis,
nous appellerons *Codex aureus Anthimi*, appartient à l'église de
l'*Annonciation* (ἐκκλησία τοῦ εὐαγγελισμοῦ τῆς Θεοτόκου), et on
le tient pour un autographe de saint Jean Chrysostome[1]. Il est
relié dans une reliure à plats d'argent repoussé, dont les nerfs
sont aujourd'hui rompus. Il compte quatre cent treize feuillets
réunis par quaternions, et chaque feuillet mesure 24 centimètres
de haut sur 19 de large: c'est l'équivalent d'un petit in-quarto
fort. Le parchemin est très ferme : il est teint en pourpre et d'un
ton bleuissant, sans rien des tons de lie de vin ou d'orcanète qui
sont ordinaires à la pourpre ancienne. L'encre est d'or. Chaque
page est à une colonne, et la colonne est de dix-sept lignes, comme
dans le *Codex Theodoræ* de Saint-Pétersbourg. Les marges ont
une largeur respective de 42 millimètres pour le haut, de 65
pour le bas, de 34 pour l'intérieur, de 58 pour l'extérieur. En
manchette figurent les notes ammonio-eusébiennes; en titre cou-
rant, les κεφάλαια; en tête de chaque évangile, l'ensemble des κε-
φάλαια. Il n'y a point de scolies. Le texte, autant que j'en ai pu
juger par une collation partielle, ne s'écarte pas de la tradition
bien connue du texte byzantin; il est très correctement copié.
L'écriture est d'excellente cursive. Elle n'emploie que le point et
nul autre signe de ponctuation; mais les accents sont à chaque
mot, les esprits sont marqués et ils sont angulaires. L'écriture a le
même aspect que celle du *Codex Theodoræ*[2], mais entre les deux
je relève une différence importante : dans le *Codex Anthimi*
en effet, Ϭ a cette vieille forme de α qu'on trouve déjà au IXᵉ siècle,
tandis que dans le *Codex Theodoræ* il affecte une forme onciale
dégénérée Ϛ et que l'on ne retrouve pas avant la fin du Xᵉ siècle[3].
On peut donc sans hésiter attribuer le *Codex Anthimi* au Xᵉ siècle.

le sigle ả l'indique. L'absence de tout titre après les noms de Nicolas, de Démé-
trius, de Grégoire, d'Anne, empêche d'y voir des personnages de plus de marque
que ne pouvait être le commun des bienfaiteurs de ce couvent de caloyères.

[1] Voir l'appendice.

[2] M. Belsheim (*op. cit.*) a donné un bon fac-similé du *Codex Theodoræ*; le
reste de son travail est de peu de valeur. Il est inadmissible en effet que le *Codex
Theodoræ* soit du IXᵉ siècle; l'écriture ne saurait remonter plus haut que la fin
du Xᵉ siècle ou le commencement du XIᵉ (*Revue critique*, 1886, p. 201). M. Wat-
tenbach, qui a étudié le manuscrit sur place, le croit du XIIᵉ (*Anzeiger für die
Kunde der deutschen Vorzeit*, 1875, p. 72), opinion malaisée à défendre, je crois.

[3] Gardthausen, *Griechische Palæographie*, p. 184.

En tête de chacun des quatre évangiles se trouve une miniature au trait, à l'encre d'or; les chairs seules y sont données en couleurs, mais elles sont effacées presque complètement; l'encadrement de chaque sujet est géométrique et le sujet est un portrait de l'évangéliste, sur un type d'ailleurs banal [1].

IV

Nous arrivons enfin au manuscrit de beaucoup le plus remarquable du trésor de Bérat, celui-là même auquel nous avons donné le nom de *Beratinus* : propriété de l'église de Saint-Georges, il est conservé dans la maison épiscopale. La description et la discussion qui suivent ont paru dans les *Mélanges* de l'École de Rome; elles sont réimprimées ici avec un nombre assez considérable de retouches et d'additions. Nous désirerions que notre pensée ne fût jugée que sous cette forme nouvelle.

Nous n'avons que deux documents qui puissent jeter quelque jour sur l'histoire du *Beratinus*. Le premier est ce diptyque de l'église Saint-Georges (cod. IX) qui a été signalé plus haut et dont on trouvera un extrait à l'appendice. Au *memento* de Saint-Georges se trouve un certain Skouripékis, un « laïque » de Bérat, qui doit l'honneur d'avoir son nom inscrit au diptyque à un service par lui rendu à une μονή de la ville, en 1356. Cette année-là, est-il dit, les Serbes marchèrent sur Belgrade [2]; la ville était incapable de leur résister; à tout prix il fallait sauver les trésors des églises, et à la prière du moine Théodoulos, Skouripékis s'y dévoua. Le moine et lui chargèrent sur leurs épaules les « vingt-sept manuscrits précieux que possédaient le Théologue et Saint-Georges », et ils les mirent en lieu sûr. Suit la liste mutilée de ces manuscrits : elle comprend des ménées, des livres liturgiques, une sorte

[1] Il est représenté assis, un livre sur les genoux; aucun détail d'ameublement. Le croquis publié par M. Bordier, *op. cit.*, p. 219, en donnera une idée avantageuse.

[2] A pareille date, M. de Murait parle d'une invasion en Grèce du Krale Étienne Ouroch, d'après Miklosich, *Monumenta Serbica* (1858), CXL. Voir *Essai de chronographie byzantine*, t. II (1871), p. 655, *ad. ann.* 1356-1357. Sur l'histoire des Serbes en Épire au XIVᵉ siècle, consulter l'Ἱστορικόν des moines Comnène et Proclos, publié par M. Destounis, Saint-Pétersbourg (1858), p. 5 notamment, où il est fait mention de Bérat.

ωCCYNETΑZ̄ε
ΑΥΤΟΙCΟ͞Υ͞CΚΑΙ
ΗΤΟΙΜΑCΑΝΤο
ΠΑCΧΑ·
ΟΨΙΑCΔΕΓΕΝ°
ΜΕΝΗCΑΝΕ
ΚΕΙΤΟΜΕΤΑΤῶ
ΔωΔΕΚΑΜΑΘΗ
ΤωΝ· ΚΑΙΑΙCΘΙ

Γ
Κ
Μ
Μ
Α
Ε
Ψ
Ε
Τ

CODEX PURPUREUS φ

de pouillé, « le psautier du fondateur », les « quatre évangiles de
Bulgarie » (?) et un volume désigné sous le titre de τετραευαγγέλιον
τὸ οἰκειόχειρον τοῦ Χρυσολόμου ἀσημόγραφον. Sur la foi d'une
note de M. Alexoudis [1], j'ai identifié d'abord ce manuscrit avec le
Codex aureus Anthimi, mais le sens du mot ἀσημόγραφον n'est pas
douteux [2], il faut y voir le synonyme de ἀργυρογεγραμμένον, et
dès lors, loin de désigner, comme le pensait l'évêque de Bérat,
un « évangile orné d'argent », relié en argent, c'est-à-dire le *Codex
aureus*, il désigne un « évangile écrit en lettres d'argent », qui ne
peut être que le *Codex Beratinus*. Ainsi à la date de 1356 nous
constaterions la présence de notre manuscrit dans le trésor du
« Théologue » de Bérat.

Actuellement à porter le nom du « Théologue » il n'y a à Bérat
qu'une simple église, et M. Alexoudis, dans sa description de la
ville actuelle, ne cite qu'un monastère, celui de la Panagia Ar-
déoussa. Mais le diptyque de Saint-Georges nous est une preuve
de l'existence d'un monastère à Bérat au xiv° siècle, portant le
nom de Saint-Georges et de Saint-Jean-l'Évangéliste ou le « Théo-
logue », monastère disparu aujourd'hui. Il ne faudrait donc pas
chercher en dehors de Bérat un « Théologue » à qui attribuer la
propriété du *codex φ*. Il resterait seulement à interpréter le se-
cond document sur la foi duquel on a attribué d'abord ce qui
était dit du « Théologue » de Bérat au « Théologue » le plus cé-
lèbre, celui de Patmos [3].

Ce second document consiste en une note [4] écrite à la garde

[1] Dans son commentaire (inédit) du diptyque en question, il s'exprime ainsi :
ἡ ἱερὰ βίβλος αὐτή ἐστι κτῆμα τοῦ ἱεροῦ ναοῦ τῆς παναγίας εὐαγγελισ7ρίας ἐν τῇ
αὐτῇ συνοικίᾳ τοῦ Κάσ7ρου σωζομένου, désignant ainsi le *Codex aureus* (cf. Alexou-
dis, *op. cit.*, p. 113).

[2] Ἀσημόγραφος = *cui incumbit argenteæ supellectilis cura*, Ducange (*Gloss.
m. et inf. gr.*, I, 139) d'après Syropoulos, l'historien du concile de Florence ; dans
notre texte, le sens est différent, on le voit ; mais *ἀσημον* n'en est pas moins sy-
nonyme d'*ἀργυρος*, acception propre à la grécité du moyen âge (Sophocles, *Greek
lexicon of the roman and byzantine periods*, p. 261).

[3] *Mélanges de l'École française de Rome* (1885), p. 362. Cette interprétation
m'était commune avec M. Sakkélion (Ἑβδομάς, *loc. cit.*, p. 407).

[4] Elle a été imprimée par M. Alexoudis (*op. cit.*, p. 114, note 1) ; on la trou-
vera à l'appendice. En voici la traduction littérale : *Adspicite, o spectatores,
sancti Iohannis Chrysostomi litteras præsentis hujus evangelii quas ipse descripsit cum
esset Antiochiæ in sua patria diaconus evangeli. Usque ad illius tempora scribe-
bantur a plerisque solutæ litteræ, sed non eo pervenit ut notaret brevitates verborum*

du *codex* φ; l'écriture, à mes yeux du siècle dernier, est sûrement plus ancienne que la reliure, et la rédaction grammaticale du morceau confirme cette évaluation. On y lit : *Voyez, ô spectateurs, ces lettres tracées de la propre main de saint Jean Chrysostome alors qu'il était diacre de l'évangile..... Voyez la couleur incomparable de ces feuillets et la belle venue de ces lettres!* Puis pour expliquer le caractère oncial de l'écriture, notre auteur ajoute : *A l'époque de saint Jean Chrysostome, beaucoup de gens écrivaient encore en lettres séparées* [λυτὰ γράμματα], *et il a omis de marquer les « forces » des mots par des signes d'or* [?], *je veux dire les accents aigus, graves ou circonflexes et les esprits rudes ou doux. Des quatre évangiles dont a dû se composer le volume, Mathieu et Marc subsistent seuls et la partie qui renfermait Luc et Jean est disparue.* Nous reconnaissons là le codex φ; mais voici quelle invraisemblable histoire on nous en fait : *Le fondateur du Théologue* [1] *avait porté cet évangile dans son monastère à cause d'une vision et d'un prodige* [ἕνεκεν θέας καὶ θαύματος], ou bien : *pour le faire voir et admirer, uniquement pour l'honneur de saint Jean Chrysostome, et la mutilation de cet évangile eut lieu à l'époque où les Francs de Campanie saccagèrent les livres du Théologue.* Cette histoire se heurte à deux difficultés considérables. Il y est question de Bérat, puisqu'il y est question du manuscrit attribué à saint Jean Chrysostome et du monastère du Théologue. Or on nous donne à entendre que les « Francs de Campanie », expression bizarre pour désigner les troupes de Naples,[2] sont entrés

---

signis aureis, scilicet accentibus et spiritibus . . . Cum vero per partes distincta essent quatuor evangelia, accidit ut præsens evangelium Matheo et Marco constet, Lucas autem et Iohannes separatim exierint. Conditor enim Theologi ea intulit in suum monasterium visionis gratia et miraculi tantum in honorem beati Chrysostomi et in fidem amoris quo flagrabat erga Christum. Solutio autem præsentis evangelii facta est quo tempore Franci cognomine Campaneuses vastaverant libros Theologi. Adspicite colorem chartarum mirabilem, et pulchritudinem litterarum. Sed et evangelium Theologi scriptum in Patmo solutas item habet litteras, sicut ipse vidi meis oculis Ephesi.

[1] « Le fondateur du Théologus » pris absolument et sans autre détermination comme dans le diptyque de Saint-Georges « τὸ ψαλτήριον τοῦ κτήτορος ».

[2] L'expression reçue est Φράγκοι Ἰταλοί (voir *Vie de saint Athanasias*, ap. Heuzey, *Mission de Macédoine*, p. 451), et mieux encore Ἰταλοί (ita Pachymère, Grégoras, Phrantzès, Nicétus Choniate, etc.). Ajoutez que Καμπανήσιοι ne se trouve pas comme synonyme à Καμπανοί et pourrait signifier aussi bien « Francs de Champagne » que « Francs de Campanie ».

à Bérat et ont pillé la citadelle, et ce fait est inouï[1]. Au surplus, si le fait était véritable, contrairement à tout ce qu'on sait d'ailleurs[2], il remonterait au plus tard à l'année 1281; or, le diptyque de Saint-Georges, document d'une valeur tout autre que cette note sans date, nous est un bon témoin qu'en 1356 le *codex* φ était encore intact. Il suit de là que les détails fournis par cette note n'ont aucune portée historique et que son témoignage est en substance de nulle valeur.

Il n'y aurait d'exceptions à faire que pour les deux dernières lignes, qui sont comme une déposition personnelle. On peut les traduire ainsi : *L'Évangile du Théologue, écrit [par lui] à Patmos, a lui aussi ses lettres séparées, ainsi que je l'ai vu de mes propres yeux à Éphèse.* En d'autres termes, le rédacteur de cette note affirme avoir vu à Éphèse un autographe (?) de saint Jean, et il témoigne que les caractères graphiques dudit évangile sont semblables à ceux du manuscrit attribué à saint Chrysostome. La donnée n'est pas sans quelque intérêt, mais elle ne nous apprend rien sur le *Beratinus.*

En résumé, nous constatons d'une manière à peu près certaine la présence du *codex* φ à Bérat au xiv° siècle : voilà l'unique conclusion à laquelle on puisse se tenir sûrement, et il est de toute prudence de retirer les hypothèses avancées d'abord, sous toutes réserves.

V

Le *codex Beratinus* est dans une reliure qui date du commencement de ce siècle; les deux plats sont en bois résineux, la couverture d'argent repoussé et ciselé, médiocre travail d'orfèvrerie

---

[1] Cf. Von Hahn, *Alban. Stud.*, I, 312 sqq. et encore de Muralt, *Essai de chronographie byzantine*, de 1057 à 1453.

[2] On connaît exactement la campagne des armées alliées de Naples et de Venise (1281) qui, sous le commandement de Rousseau de Soli, essayèrent de forcer la route de Salonique en enlevant Bérat, et l'on sait très bien qu'elles ne pénétrèrent pas dans la ville; elles ne réussirent même pas à franchir l'Apsus et furent repoussées avec les plus grandes pertes jusqu'au bord de la mer Adriatique, à Canina. Georg. Pachymère, *Hist. Mich. Paleol.*, VI, 32 (Migne *P. G.*, t. CXLIII. col. 979 sqq.), et aussi Nicéphore Grégoras, *Hist. byzant.*, V, 6 (Migne *P. G.*, t. CXLVIII, col. 288 sqq.) et Georges Phrantzès, *Chronic. maj.*, I, 3 (Migne, *P. G.*, t. CLVI, col. 654).

3

grecque qui porte la date de 1805. Les gardes sont garnies chacune d'une feuille de papier à la cuve, grossier et malpropre, sur lequel on a écrit quelques notes, l'une dont on trouvera la reproduction à l'*appendice*, deux autres qui sont une courte description du manuscrit de la main de M. Alexoudis. Pour protéger le premier feuillet de vélin, on a inséré immédiatement après la feuille de garde, un feuillet de papier; c'est une page arrachée à un évangéliaire imprimé et récent.

Le manuscrit compte 190 feuillets non paginés. Ils ont été solidement cousus, mais le relieur moderne a eu le tort de les rogner au lieu de les laisser ébarbés. Les feuillets dont le bord intérieur était rongé ont été montés sur des onglets de papier blanc; un seul est resté volant, c'est le feuillet 69; ceux qui étaient déchirés dans le sens de la largeur ou de la hauteur ont été faufilés adroitement; mais les folios 74, 115 et 134 sont demeurés en deux morceaux. Les six premiers feuillets ont beaucoup souffert, les lettres sont oxydées, les piqûres de vers sont nombreuses, la pourpre est fort éteinte, mais à partir du fol. 7, le manuscrit se présente dans un excellent état, exception faite pour les feuillets 75-78 qui sont très altérés. L'évangile de saint Mathieu prend fin à la moitié de la seconde colonne du folio 112 r°; le 112 v° n'est pas écrit; les folios 113, 114 contiennent les $\varkappa\epsilon\varphi\acute{\alpha}\lambda\alpha\iota\alpha$ de saint Marc; l'évangile de saint Marc commence avec le folio 115. Le coin inférieur des folios 115 et 116 a été arraché; on l'a remplacé par un coin de papier; de même pour le folio 121. Au folio 144, on remarque un trou large et rond, propre au vélin; le scribe en a tenu compte dans sa ligne. Les folios 177-181 sont en mauvais état, mais les suivants sont très beaux jusqu'aux quatre derniers qui sont au même point que les six premiers. Évidemment le manuscrit a dû demeurer longtemps dépecé et exposé à l'humidité et à la poussière, avant d'être restauré en 1805; il a ainsi perdu une quarantaine de feuillets que l'on pourrait répartir approximativement de la manière suivante, abstraction faite des $\varkappa\epsilon\varphi\acute{\alpha}\lambda\alpha\iota\alpha$ de Mathieu et du frontispice : Mt. I, VI, 3 = 25 feuillets environ; Mt. VII, 26 - VIII, 7 = 1 feuillet; Mt. XVIII, 24-XIX, 3 = 2 feuillets; Mt. XXIII, 4-XXIII, 13 = 1 feuillet; Mc. XIV, 62-XVI, 20 = 12 feuillets environ. Le parchemin est ferme et d'une légèreté moyenne, il est très sec et les lignes ne *transparaissent* généralement pas d'une page à l'autre. Le vélin est teint en pourpre, dont le ton, aujourd'hui violacé et tourné aux nuances lie de vin, a dû être primitivement d'un rouge chaud d'orcanète. Les bords du feuillet au contact de l'air ont pâli. Le feuillet a une hauteur de 314 millimètres et une largeur de 268 millimètres. Les réglures des marges et des lignes sont tirées à la pointe sèche, et on en distingue nettement le pointillé dans la marge médiane. La réglure de chaque ligne comporte un double trait servant à fixer le sommet et la base des lettres. Chaque page a 2 colonnes de 17 lignes. Pour chaque ligne le nombre des lettres varie entre 8 et 12, la moyenne étant 9 plutôt que 10. Chaque colonne mesure 210 millimètres de haut, et 109 millimètres de large. La marge qui sépare les 2 colonnes a une largeur moyenne de 35 millimètres. Dans la marge supérieure figurent les κεφάλαια et nul autre titre courant, sur une réglure spéciale, très près du bord, exactement au-dessus de la colonne à laquelle ils renvoient. Les chiffres des notes ammonio-eusébiennes sont écrits en manchette. L'encre est d'argent. Le *ductus* de la plume est régulier, bien lié et sans bavure. Les six premiers feuillets de saint Mathieu présentent, écrits en or, les mots ι͞η͞ρ, ι͞ς, υ͞ς; de même pour le titre et la première ligne de saint Marc. Le manuscrit ne présente aucun ornement. Les lettres initiales des paragraphes, en saillie sur la marge à peu près de toute leur largeur, sont deux fois plus grandes que les lettres courantes, mais elle n'ont aucune décoration. Seul o est orné d'une petite croix en son milieu. Saint Mathieu finissant à mi-colonne, un bandeau à l'encre d'argent et du motif géométrique le plus simple garnit l'espace vide. Il arrive que le scribe, pour terminer un mot sans aller à la ligne, empiète un peu sur la marge de droite et se serve de caractères plus petits, mais rarement.

Tel est l'aspect sous lequel se présente le *codex Beratinus*.

L'écriture du manuscrit est franchement de vieille onciale. Les lettres rondes comme ε, θ, ο, c, ne s'allongent jamais, les lettres carrées comme н, м, ν, п, ne sont jamais rectangulaires, pas même à la fin des lignes. Toutes les lettres sont droites et aucune en aucun endroit ne se penche. Elles sont régulières et ne dépassent pas le sommet ni la base de la ligne, pas même в, ℥ ou ℥; seuls ϝ et γ ont leur jambage vertical qui descend au-dessous de la ligne; φ et ψ la dépassent dans les deux sens. La panse de λ est nettement anguleuse. La barre horizontale de ⋏

3.

est déliée, mais s'écrase légèrement à ses extrémités, sans toute-
fois accuser rien qui ressemble à la forme en massue (*Keulen-
form*); on peut en dire autant de т, de п, de г. La barre horizon-
tale de ө ne sort pas du cercle et le divise en deux sections égales;
celle de є passe exactement et suivant une ligne droite par le
foyer du segment lunaire et s'écrase un peu à son extrémité droite.
Les deux pointes de l'arc de є et de c s'écrasent aussi légèrement.
L'ω est presque fermé [1]. Les lettres initiales sont plus grandes
du double, mais appartiennent au même système graphique, la
vieille onciale. En définitive, l'écriture du *codex Beratinus* peut
être rapprochée des meilleurs types de la vieille onciale, comme
le *Dioscoride* de Vienne [2], ou mieux encore le palimpseste I [7], de
Saint-Pétersbourg [3], c'est-à-dire d'écritures données comme du
commencement du vɪ siècle.

Ce premier point se fortifie des observations suivantes. Le ma-
nuscrit ne présente aucun signe d'accentuation, ce dont je n'ai
rien à conclure, mais il ne présente aucune trace d'esprits, bonne
marque d'antiquité [4]. Nous rencontrons ici la *scriptio continua* ab-
solue et point de στίχοι; le texte est écrit à pleine ligne et les
mots ne sont pas séparés. La ponctuation consiste à marquer la
fin des phrases d'un point un peu allongé et qui est simple ou
double indifféremment, placé à mi-hauteur des lettres [5]. L'apo-
strophe n'est pas employée constamment pour marquer les éli-
sions, par contre on la met toujours à г final [6]. Les voyelles ï et
ÿ sont surmontées d'un tréma dans la plupart des cas où elles ne
ne sont pas diphtonguées [7]. Les citations de l'Ancien Testament [8]

---

[1] Seul ω se modifie légèrem nt à la fin des lignes, quand le scribe diminue
la grandeur de ses caractères; la barre centrale garde sa hauteur normale, mais
les deux anses ne dépassent plus le milieu de sa hauteur, et la lettre prend la
forme d'une ancre ↓, forme que l'on trouve d'ailleurs dans le *Sinaiticus*.

[2] Gardthausen, *Griechische Palæographie*, p. 150 et tab. I.

[3] Tischendorf, *Anecdota sacra et profana* (1855), tab. III-6. Pour tout ce qui
concerne la notation et la description des manuscrits du Nouveau Testament,
nous renvoyons aux *Prolegomena* déjà cités de M. C.-R. Grégory et aussi à Scri-
vener, *A plain Introduction to the criticism of the N. T.*, 2ᵉ édit., Cambridge,
1874.

[4] Cf. le *Porfirianus Chiovensis* Ѳᵉ, le *Dublinensis* z, le *Nitriensis* R.

[5] Cf. le *Porfirianus Chiovensis* Oᶜ et Ѳᵍ, le *Patmiensis* N.

[6] Employé déjà au vᵉ siècle, Gardthausen, *op. cit.*, p. 272.

[7] Même remarque (Grégory, *op. cit.*, p. 355) sur l'*Alexandrinus*.

[8] Même remarque sur le *Vaticanus* (Grégory, *op. cit.*, p. 359).

sont signalées en marge par des guillemets (>). Les ligatures se bornent à trois : ⲙ̅ pour μου, que l'on rencontre dès le ivᵉ siècle [1]; ⲩ pour αυ, employé par le scribe du *Dioscoride* de Vienne [2], et le groupe bien connu de αὐτοῦ ⲙ̅ comme dans le *Guelferbytanus* P, encore ne se trouve-t-il que deux fois dans le *Beratinus* [3]. Les abréviations sont les plus anciennes en usage : ⲑ̅ⲥ̅, ⲓ̅ⲥ̅, ⲕ̅ⲥ̅, ⲩ̅ⲥ̅, ⲭ̅ⲥ̅, ⲡ̅ⲏ̅ⲣ̅, ⲙ̅ⲏ̅ⲣ̅, ⲡ̅ⲛ̅ⲁ̅, ⲁ̅ⲛ̅ⲟ̅ⲥ̅, ⲟ̅ⲩ̅ⲛ̅ⲟ̅ⲥ̅ (mais souvent aussi ⲟⲩⲣⲁⲛⲟⲥ), ⲁ̅ⲗ̅ⲗ̅, ⲓ̅ⲏ̅ⲗ̅, une fois ⲓ̅ⲁ̅ⲏ̅ⲙ̅, jamais ⲓ̅ⲏ̅ⲙ̅. Ajoutez l'abréviation du ν final au bout de la ligne, ⲧⲱ̅; un petit nombre de fois ⲕ/ pour ⲕⲁⲓ, une fois ⲉⲓⲛ/, pour ⲉⲓⲛⲁⲓ, une fois ⲁⲟⲩⲛⲁ/ pour ⲁⲟⲩⲛⲁⲓ, une fois ⲕⲁⲑⲏⲥⲑ/, pour ⲕⲁⲑⲏⲥⲑⲁⲓ, et une fois ⲁⲓⲕ/ⲟⲓ pour ⲁⲓⲕⲁⲓⲟⲓ; mais jamais ⲙ̅, ni ⲏ, ⲛ, ⲓⲕ, ⲙⲏ, etc., ni ⲩ, ni ⲧ [4]. Rien, on le voit, parmi les accidents du texte n'est de nature à affaiblir notre premier point acquis, et le détail de l'écriture du *Beratinus* ne nous éloigne pas du viᵉ siècle.

Quant il s'agit d'un manuscrit calligraphique, on ne peut guère donner pour l'âge réel du manuscrit l'âge apparent de son écriture; un détail important du *Beratinus* suffirait à nous le rappeler. On a vu en effet citer les numéros de sections ammoniennes et des canons d'Eusèbe, les titres courants et les κεφαλαια du manuscrit. Or l'écriture en est d'un caractère différent de celle du texte; moins soignée et plus rapide, elle s'allonge et s'amincit, tout en restant droite, et nous offre les formes de l'onciale ovale et rectangulaire telle qu'on la rencontre au viiiᵉ siècle [5]. On pourrait supposer que cette écriture est d'une seconde main, et je l'avais pensé d'abord en voyant que l'encre en était moins riche et le *ductus* moins soigné; mais il suffit que le calame ait été tourné autrement et la main plus rapide pour expliquer cette différence.

---

[1] Gardthausen, *op. cit.*, tab. I (d'après le *Sinaïticus*).

[2] Gardthausen, *op. cit*, tab. I (cf. p. 152).

[3] Grégory, *op. cit.*, p. 386. De même dans le Psautier de Zürich et dans le *codex Rossanensis* (Gebhardt et Harnack, *Evang. cod. gr.* p. Ross., p. xiii).

[4] Que l'on trouve dans le *Rossanensis* (Gebhardt et Harnack, *loc. cit.*). On voit que les abréviations du *Beratinus* sont moins nombreuses que celles du *Rossanensis*. Remarquez que l'abréviation ⲕ/, qui est rare dans le *Rossanensis*, est cependant fréquente dès le vᵉ siècle (Grégory, *op. cit.*, p. 341). Pour les autres, voyez Gardthausen, *op. cit.*, p. 244.

[5] Tischendorf, *Monumenta sacra ined. nov. coll.* t. I, tab. I-6. Voyez-y l'écriture du fragment palimpseste des Actes *Petropolitanus* Iᵇ.

L'onciale carrée est une façon d'écrire lente, calculée, impersonnelle; pour peu que le scribe se hâte ou s'abandonne, il sera amené à allonger ses traits, et du même coup son écriture prendra une apparence plus moderne; cette explication suffirait à faire concevoir la coexistence des deux écritures et l'identité de leur origine. Cependant de ces deux formes d'une même écriture, quelle est celle qui doit faire foi? est-ce l'écriture du vi° siècle, est-ce l'écriture du vii° siècle?

Le cas n'est pas nouveau et pareille question a été posée déjà pour trois manuscrits du Nouveau Testament. Pour le *codex Zacynthius* Ξ tout d'abord, dont, en ce qui concerne l'écriture, le texte est considéré comme du vi° siècle et les scolies comme du vii° et du viii° siècle, la main étant la même pour le texte et pour les scolies. Tregelles a attribué ce manuscrit au viii° siècle, il est vrai, mais aujourd'hui on est d'accord pour le croire plus ancien à cause de l'écriture propre du texte [1]. C'est un premier précédent. La même question s'est posée au sujet du *Guelferbytanus* P, vù, comme dans le *Beratinus*, nous trouvons un texte d'onciale carrée et des κεφάλαια d'onciale rectangulaire; encore faut-il dire que si l'onciale des κεφάλαια se rapproche d'assez près de l'onciale des κεφάλαια du *Beratinus*, le texte lui-même présente des caractères sensiblement plus jeunes que les caractères semblables du *Beratinus*, le λ, le Δ et le ω entre autres. Cependant personne n'a révoqué en doute les conclusions de Tischendorf attribuant le *Guelferbytanus* P au vi° siècle [2]. C'est un second précédent. Enfin dans le *Rossanensis* Σ, les κεφάλαια et les notes ammonio-eusébiennes, si on les isolait, ne pourraient être attribuées qu'au vii° siècle; ce qui n'a pas empêché M. Gebhardt, pour d'excellentes raisons autant d'archéologie que de paléographie, d'attribuer le *Rossanensis* au vi° siècle [3]. C'est un troisième précédent.

Ces trois précédents ne tranchent point la question, et c'est la comparaison de notre manuscrit avec le dernier que nous venons de citer, qui permettra de se prononcer à coup sûr. Le *Rossanensis* peut nous être en effet un excellent instrument de comparaison :

[1] Scrivener, *A plain Introduction*... p. 145.

[2] Tischendorf, *Monum. sacra ined. nvv. coll.* (1869), vol. VII, p. XII *sqq*. On trouvera un fac-similé du *Guelferbytanus* P, op. cit., vol. III (1860), tab. III.

[3] Gebhardt et Harnack, *Texte und Unt.* (ubi supra), p. XXV. Cf. Grégory, op. cit., p. 409.

nous tenons son écriture pour typique et sa date comme établie [1].
L'écriture du *Rossanensis* est plus serrée que celle du *Beratinus;*
le fait est vrai du texte, où nous trouvons vingt lignes par co-
lonne, et une moyenne de onze lettres par ligne, tandis que le
Beratinus ne présente que dix-sept lignes, et une moyenne de neuf
lettres environ par ligne, le format des deux manuscrits étant le
même ou peu s'en faut. Mais l'écriture des κεφαλαια est plus serrée
dans Φ que dans Σ, et les caractères des notes ammonio-eusé-
biennes plus petits dans Φ que dans Σ. On voit que dans les
deux manuscrits la taille des lettres n'offre qu'un élément contra-
dictoire de comparaison, et ne le fût-il point, on n'en tirerait pas
davantage de conclusion : la taille des lettres n'est point une donnée
chronographique [2]. J'ai dit que dans le *Beratinus* les lettres rondes
ne s'allongeaient point et que les lettres carrées n'étaient jamais
rectangulaires, pas même à la fin des lignes; sur quoi on m'a ob-
jecté plusieurs traits du fac-similé que j'ai publié [3]. Mais sur une
nouvelle inspection de mes décalques, je suis en mesure de main-
tenir mon premier dire. Or c'est la seule existence de ces formes
rectangulaires ou ovales qui aurait pu abaisser la date du *Be-
ratinus* par rapport au *Rossanensis*. Par contre, certains éléments
du *Rossanensis* paraissent sensiblement plus jeunes que les élé-
ments correspondants du *Beratinus* : par exemple, à la fin des
lignes, les λ dont le jambage de droite s'infléchit beaucoup trop,
les ω qui s'ouvrent et s'aplatissent excessivement, deux caractères
qui se montrent tels au viie siècle et que le *Beratinus* ne connaît
point. Ajoutez enfin les abréviations et les ligatures, que nous
avons signalées déjà, et qui sont bien plus nombreuses dans le
codex Σ que dans le *codex* φ. En un mot, étant donné que l'as-
pect général des deux écritures est le même, je ne crois pas que
le détail de l'écriture témoigne de la postériorité du manuscrit de
Bérat, comparé à celui de Rossano; tout au contraire. Si donc le

---

[1] Grégory, *op. cit.*, p. 408-409.

[2] Le *Patmiensis* ne compte que seize lignes par colonne; le *Petropolitanus
Caesareus* et le *Porfirianus Chiovensis* (= Θ°), en comptent dix-huit; ces trois
écritures sont considérées comme du vi[e] siècle.

[3] *Theologische Literaturzeitung*, 1885, p. 603, article de M. O. von Geb-
hardt; le savant éditeur du *Rossanensis* pense que le *codex* φ est plus récent que
le *codex* Σ, il trouve plus « vraisemblable » de l'attribuer au commencement du
viie siècle.

manuscrit de Rossano est considéré comme de la fin du vi⁰ siècle,
le manuscrit de Bérat peut se réclamer de la même époque.

VI

Il reste à étudier le texte du *Beratinus* Φ : tout mon dessein va
à déterminer le caractère particulier du *Beratinus* en lui-même et
dans ses relations avec les principaux manuscrits du Nouveau
Testament, en deux mots à relever ses leçons propres et à dé-
couvrir son parentage.

Les leçons propres du *Beratinus* sont assez nombreuses. Si nous
laissons de côté celles qui ne sont que des variantes purement
graphiques [1], nous nous trouvons en présence de leçons surtout
paraphrastiques, qui se sont produites naturellement ou par l'in-
fluence des passages parallèles des autres évangiles.

Matu. VIII, 14. ιδεν την πενθεραν αυτου βεβλημενην ⟨επι κλινης⟩' και
πυρεσσουσαν : cf. Math. IX, 2; Marc. VII, 3o.

IX, 28, προσηλθον αυτω οι τυφλοι ⟨δεομενοι⟩ [2] και λεγει.

IX, 3o, και ⟨παραχρημα⟩ ανεωχθησαν αυτων οι οφθαλμοι.

XI, 18, ηλθεν γαρ ιωαννης ⟨ο βαπλισλης⟩ μητε αισθιων μητε πει-
νων. [Cette leçon se retrouve dans le cursif 346.]

XII, 18, ο αγαπητος [μου] εις ον ευδοκησεν : *deest* μου. [De même
dans a, ff.]

XII, 43, ακαθαρτον πνευμα εξελθη « εκ » του ανθρωπου. [De même
dans le cursif 44o.] Cf. Marc. I, 26.

XIII, 26, εφανη και [τα] ζιζανια.

XIV, 23, προσευξασθαι ⟨σλαδιους πολλους « απεχον » απο της
γης⟩ οψιας. Notre manuscrit est le seul, à s'en
rapporter à l'appareil critique de Tischendorf, qui
mette cette intrusion à cette place [3].

---

[1] Par exemple, Math. XVII, 4, ποιησωμεν ωδε τρις σκηνας ι συ » και μωυση
μιαν, — συ est évidemment mis pour σοι; ou même des transpositions comme
Math. XVII, 24, προσηλθον ι τω πετρω » οι το διδραχμα λαμβανοντες.

[2] δεομενοι est donné par les cursifs 5, 123, 124, 218, 219, 220, par a, g¹
et h : mais Φ est le seul oncial à le fournir. Cf. Luc. 1, 64.

[3] Placée après τὸ δὲ πλοῖον ἤδη μέσον τῆς θαλάσσης ἦν, en sorte que ἀπεχον
se construise avec πλοῖον et non avec Ἰησοῦς, cette intrusion est propre aux ma-
nuscrits B, 13, 124, 238, 346. Ici déjà nous nous trouvons en présence d'une

Матн. XIV, 24, *εναντιος ο ανεμος ⟨αυτοις⟩ Τεταρτη* : cf. Marc. VI, 48.

XVI, 7, *διελογιζοντο [εν εαυτοις] λεγοντες.*

XVI, 21, *και γραμματεων ⟨του λαου⟩ και αποκτανθηναι* : cf. οἱ πρεσβύτεροι τοῦ λαοῦ, Math. XXI, 23; XXVI, 3, etc. [Cette leçon se retrouve dans les cursifs 13, 124, 346.]

XVI, 28, *αμην ⟨αμην⟩ λεγω υμιν*, répétition familière à saint Jean (Jo. I, 52; III, 3; id. 5; id. 11, etc.).

XVII, 18, *επετιμησεν αυτω ο ιησους ⟨λεγων εξελθε⟩ και εξηλθεν* : cf. Marc. V, 8.

XX, 6, *ευρεν αλλους εσ1ωτας ⟨εν τη αγορα⟩ αργους* : cf. Math. XX, 3.

XX, 15, *η ουκ εξεσ1ιν [μοι] ποιησαι ο θελω.* C'est probablement une erreur du scribe, MOI étant tombé devant ΠOI.

XXI, 2, *ευθεως ⟨εισπορευομενοι⟩ ευρησετε* : cf. Marc. XI, 2; Luc. XIX, 30.

XXI, 3, *αποσ1ελει αυτους ⟨ωδε⟩. Τουτο δε* : cf. Marc. XI, 3.

XXI, 5, *ο βασιλευς σου ερχεται [σοι] πραϋς* : cf. Jo. XII, 15.

XXI, 10, *εν τοις υψισ1οις ⟨απηντων δε αυτω πολλοι χαιροντες και δοξαζοντες τον θεον περι παντων ων ιδον⟩. Και εισελθοντος* : cf. Luc. XIX, 37 et Jo. XII, 15. Cette intrusion est donnée par le syriaque de Cureton.

XXI, 21, *εαν εχητε πισ1ιν ⟨ως κοκκον σιναπεως⟩ και μη διακριθητε* : cf. Math. XVII, 19.

XXI, 38, *και ημων εσ1αι η κληρονομια [αυτου]. Και λαβοντες* : cf. Marc. XII, 7.

XXII, 3, *αυτου « ειπειν τοις κεκλημενοις »* : cf. Math. XXII, 4.

XXIV, 41, *και ⟨η⟩ μια αφιεται* : cf. Luc. XVII, 35.

XXV, 21, *εφη δε [αυτω] ο κυριος.* [Se retrouve dans les cursifs 346 et 435.]

XXVI, 53, *η « δοκιτε » οτι*, pour *δοκεις*.

XXVI, 65, *ηκουσατε την βλασφημιαν ⟨εκ του σ1οματος αυτου⟩* : cf. Luc. XXII, 71.

XXVII, 1, *οι πρεσβυτεροι του λαου [κατα του Ιησου] ωσ1ε θανατωσαι « τον ιησουν » και.*

variante introduite maladroitement par le scribe de Φ dans un texte qui ne la comportait pas.

Math. XXVII, 16, ειχον δε τοτε δεσμιον επισημον λεγομενον βαραϐϐαν ‹ος δια φονον και σ7ασιν ην βεϐλημενος εις φυλα-κην› · συνηγμενων [1].

Marc. I, 17, και ειπεν αυτοις [ο ιησους] δευτε, omission de ο ι̅σ̅ par confusion avec les trois dernières lettres de αυτοις. [Se retrouve dans le cursif 21.]

II, 3, και ερχονται προς αυτον ‹τινες› φεροντες παραλυτικον.

II, 26, ουκ εξεσ7ιν φαγειν ει μη τοις ‹αρχ›ιερευσιν μονοις. [Se retrouve dans le cursif 28.]

IV, 10, ηρωτησαν αυτον οι περι αυτον συν τοις δωδεκα ‹φρασον ημιν› την παραϐολην : cf. Math. XV, 15.

IV, 33, ελαλει αυτοις τον λογον [καθως ηδυναντο ακουειν].

V, 10, ινα μη εξω της χωρας αυτους αποσ7ιλη· ην δε εκει, cet ordre des mots se trouve dans les cursifs 1, 131 et 209.

V, 26, δαπανησασα τά ‹υπαρχοντα› αυτης.

VI, 14, και ειπεν ‹τοις παισιν αυτου› οτι : cf. Math. XIV, 2.

VI, 35, οι μαθηται αυτου «ειπον» οτι : cf. Luc. IX, 12.

VI, 51, και εκοπασεν ο ανεμος ‹και περιεσσωσεν αυτους› και λιαν· Corruption du και περισσως εν εαυτοις de D. 2 pe, b.

VIII, 30, ινα μηδενι λεγωσιν ‹τουτο› περι αυτου : cf. Luc. IX, 21.

VIII, 38, εν τη γενεα ταυτη τη ‹πονηρα και› μοιχαλιδι και αμαρ-τωλω : cf. Math. XII, 45. [Se retrouve dans le cur-sif 124.]

IX, 47, εκϐαλε αυτον ‹και βαλε απο σου› καλον σοι : cf. Math. XVIII, 9.

XI, 3, και αποσ7ελει αυτον ευθεως ωδε, cet ordre est propre à Φ.

XI, 4, εξω [επι] του αμφοδου. [Se retrouve dans le cursif 435.]

XI, 24, ‹και› δια τουτο.

XIII, 9, [ἀρχαὶ ὠδίνων ταῦτα] omis par Φ, probablement par erreur. [C'est pourtant la leçon de C.]

XIV, 5, τουτο πραθηναι το μυρον, cet ordre est propre à Φ.

XVI, 11, δουναι αργυριον.

Des diverses leçons que nous venions de citer presque aucune n'est vraiment inattendue, et toutes s'expliquent par les règles

---

[1] M. Samuel Berger me signale cette leçon comme se rencontrant à cet en-droit dans plusieurs manuscrits de la Vulgate. On peut y joindre les cursifs 13, 346. Cf. Luc. XXIII, 25.

ordinaires de la tradition verbale : en voici au contraire un petit
nombre, où nous croyons trouver la trace d'un travail peut-être
prémédité, et où se révèle quelque chose du parentage de Φ.
Est-il besoin de rappeler que, en tout ce qui concerne les familles
des manuscrits grecs du Nouveau Testament, nous nous en tenons
à la classification établie par MM. Westcott et Hort?

Voici ces quelques leçons, qui peuvent être considérées comme
de véritables et curieux *conflate readings* ;

1° En Math. XVI, 4, nous lisons : Ο δε αποκριθεις ειπεν αυτοις ·
οψιας γενομενης λεγετε ευδια πυρραζει γαρ ο ουρανος και πρωι
σημερον χειμων πυρραζει γαρ στυγναζων ο ουρανος · υποκριται το
μεν προσωπον του ουρανου γινωσκετε διακρινειν τα δε σημεια των
καιρων ου δυνασθε · ⟨ο δε αποκριθεις ειπεν αυτοις⟩ · γενεα πονηρα
και μοιχαλις κ. τ. λ. Il est admis aujourd'hui que toute la phrase
commençant à ὀψίας γενομένης pour finir à τὰ δὲ σημεῖα τῶν και-
ρῶν οὐ δύνασθε est une intrusion, et cette conjecture est confirmée
non seulement par le témoignage de manuscrits comme le *Sinaï-
ticus* et l'*Alexandrinus*, mais encore par le témoignage de saint Jé-
rôme, d'Origène et de la version Cureton. Il faut voir dans l'*omis-
sion* la leçon *ancienne*, tandis que l'*intrusion* est à un haut degré
une leçon *occidentale* donnée concurremment par le *codex Bezæ*,
par la *Vetus latina* [1], par la *Vulgate*, etc. Ce double courant a laissé
sa trace dans le *codex Beratinus* : l'intrusion y a pris place; mais
au lieu de se fondre dans le texte, elle est demeurée apparente,
évidente, par le fait de la répétition du ὁ δὲ ἀποκριθεὶς εἶπεν αὐτοῖς.

2° Les autres cas nous présentent, d'une manière plus ou
moins sensible, la même combinaison de traditions différentes.
En Math. XXIV, 45, nous trouvons deux traditions : l'une lit ἐπὶ
τῆς οἰκετείας αὐτοῦ; l'autre : ἐπὶ τῆς θεραπείας αὐτοῦ; le *Bera-
tinus* va réunir maladroitement les deux leçons, et il lira : επι
της θεραπιας του οικου.

3° De même en Marc, II, 18, la leçon est double. Les plus an-
ciens manuscrits lisent οι μαθηται Ιωάννου και οι Φαρισαῖοι. D'autres
plus récents donnent : καὶ οἱ τῶν Φαρισαίων. Le *Beratinus* se
rattache aux deux à la fois et porte οι μαθηται ιωαννου και οι Φα-
ρισαιων.

---

[1] Je désignerai sous le nom de *Vetus latina* les références aux versions
latines antéhiéronymiennes en général.

4° En Marc, VI, 17, deux leçons encore : ἐκράτησεν τὸν Ἰωάννην καὶ ἔδησεν αὐτὸν ἐν φυλακῇ, c'est la leçon primitive : καὶ ἔδησεν αὐτὸν καὶ ἔβαλεν εἰς φυλακήν, c'est la leçon occidentale. Le Beratinus écrit : εκρατησεν τον ιωαννην και εβαλεν αυτον εν τη φυλακη, donnant ainsi un *conflate reading* de la leçon primitive et de la leçon occidentale. Remarquons en passant que ce *conflate reading* lui est commun avec la version Peschito.

5° Voici un dernier exemple. En Marc, X, 21, nous lisons avec nombre de cursifs de bonne qualité et quelques onciaux (K, M, N, Π) : εἶπεν αὐτῷ· εἰ θέλεις τέλειος εἶναι, ἕν σε ὑστερεῖ, tandis que la leçon ancienne est : εἶπεν αὐτῷ· ἕν σε ὑστερεῖ. Le *Beratinus* porte la curieuse variante : ειπεν αυτω ει θελεις εν σοι υστερει. Je ne vois aucune signification à ce εἰ θέλεις, et sa présence ne peut, à mes yeux, s'expliquer que de deux manières : ou bien le copiste aura omis τέλειος εἶναι, ou bien il n'aura pas voulu effacer εἰ θέλεις; dans le premier cas, il y a une faute de copie bien considérable pour un copiste de tant de soin; dans le second cas, il y a la marque d'une hésitation de critique. Je n'ose presser des données aussi fragiles; mais je crois que ce qui suit mettra hors de doute la concurrence des deux traditions que nous venons de surprendre dans ce petit nombre de *conflate readings*, s'il n'est pas possible de prouver les prétentions critiques personnelles du copiste de notre manuscrit.

Une observation est indispensable avant de pousser plus loin. Quand nous parlons de deux traditions comme ayant concouru à former le texte du *Beratinus*, il ne faut pas oublier qu'il n'existe pas de tradition absolument représentée du texte du Nouveau Testament, comme il en existe pour certains textes classiques. Une fois faite une demi-exception pour le *Vaticanus* que l'on tient pour un représentant assez pur du texte *neutre*, et pour le *codex Bezæ* qui est considéré comme un bon témoin du texte *occidental*, on peut dire des manuscrits grecs de bonne époque, de ceux qui se séparent plus ou moins de la tradition syrienne et du texte reçu, qu'ils sont à un haut degré des éditions *variorum*, des textes mixtes. Ils présentent des leçons neutres ou des leçons alexandrines ou des leçons occidentales dans une proportion qui varie : c'est cette proportion qui les classe.

Essayons de la déterminer pour le *Beratinus*.

Sans hésitation on peut avancer que, sur un fond syrien, la proportion la plus forte y est en faveur des leçons occidentales. Il serait bien difficile d'en faire le relevé exact; je me bornerai à relever les plus marquantes.

Матн. VII, 21, του πατρος μου του εν ουρανοις ⟨αυτος εισελευσεται εις την βασιλειαν των ουρανων⟩ : C**, 33, Cureton, *Vetus latina*, saint Cyprien.

X, 12, ασπασασθε αυτην ⟨λεγοντες ειρηνη τω οικω τουτω⟩ : D, 1, 22, 209, *Vetus latina*.

XII, 10, και ιδου ην ανθρωπος ⟨εκει⟩ : א*, D, L, *Vet. lat.*, Cureton.

XIV, 2, ⟨μητι⟩ ουτος εστιν ιωαννης ⟨ο βαπτιστης ον εγω απεκεφαλισα⟩ : D, a, b.

XVII, 1, και ⟨εγενετο⟩ μεθ ημερας : D, *Vetus latina*, saint Hilaire.

XVIII, 10, τουτων ⟨των πιστευοντων εις εμε⟩ : D, b, c, Cureton, saint Hilaire.

XVIII, 12, τι ⟨δε⟩ υμιν δοκει : D, a, Cureton.

XX, 28, λυτρον αντι πολλων ⟨υμεις δε ζητειτε εκ μικρου αυξησαι και εκ μειζονός ελατίων ειναι· εισερχομενοι δε και παρακληθεντες διπνησαι μη εις τους εξεχοντας τοπους ανακλινεσθε μη ποτε ενδοξοτερος σου επελθη και προσελθων ο διπνοκλητωρ ειπη σοι ετι κατω χωρι και καταισχυνθηση· εαν δε αναπεσης εις τον ητίονα τοπον επελθη σου ητίων ερει σοι ο διπνοκλητωρ αγε ετι ανω και εσται σοι τουτο χρησιμωτερον⟩· Εκπορευομενων : D, *Vetus latina*, Cureton.

XXI, 9, υψιστοις ⟨απηντων δε αυτω πολλοι χαιροντες και δοξαζοντες τον Θεον περι παντων ων ιδον⟩ : Cureton solus[1].

XXVII, 35, ⟨ινα πληρωθη το ρηθεν δια του προφητου διεμερισαντο τα ιματια μου εαυτοις και επι τον ιματισμον μου εβαλον κληρον⟩ : Δ, 1, a, b (cf. Westcott et Hort, II, *Notes on select readings*, p. 20).

XXVII, 40, και λεγοντες ⟨ουα⟩ ο καταλυων : D, M, Δ, Σ, a, b, c, saint Ambroise. Cf. Marc. XV, 29.

Marc. II, 23, και ⟨παλιν⟩ ενεγενετο : D, 13, 69, 124, 346, a, ff, g.

II, 24, ιδε τι ποιουσιν ⟨οι μαθηται σου⟩ τοις σαββασιν : D, M, Σ, 1, 28, 13, 69, 124, 346, 2 pe, *Vetus latina*. Cf. Math. XII, 2.

_____

[1] La leçon curetonienne est exactement : ἐξῆλθον εἰς ὑπάντησιν. Dans tous les cas, cette variante dépend de Luc. XIX, 37. et de Jo. XII, 13, combinés.

Marc. II, 26, ει μη τοις ⟨αρχ⟩ιερευσιν ⟨μονοις⟩ : D, 33, 13, 69,
124, 346, *Vetus latina.* Cf. Math. XII, 4.

III, 14, ⟨και αποστολους ωνομασεν⟩ : א, B, C', Δ, 28, 13, 69,
124, 346, 238.

IV, 31, μικροτερος εστιν παντων των σπερματων : D, *Vet. lat.*

VI, 2, πολλοι ακουοντες εξεπλησσοντο ⟨επι τη διδαχη αυτου⟩
λεγοντες : D, 118, 2 pe, *Vet. lat.* Cf. Marc. I, 22.

VIII, 14, και επελαθοντο ⟨οι μαθηται αυτου⟩ λαβειν : D, 13. 69,
124, 346, 28. Cf. Math. XVI, 5.

VIII, 17, τι διαλογιζεσθε ⟨εν ταις καρδιαις υμων (D, 28, 67, 124,
2 pe, a, b, c) ολιγοπιστοι⟩ : 28, 61, 13, 69, 124,
346, 2 pe.

VIII, 26, λεγων ⟨υπαγε εις τον οικον σου και εαν⟩ εις την κωμην :
D[1], 28, 61, 13, 69, 346, 2 pe. a, b, f.

VIII, 34, οπισω μου « ακολουθειν » : D, X, 1, 28, 2 pe, *Vet. lat.*

IX, 21, επηρωτησεν ο ιησους · l'addition de *ο ιησους* se retrouve
dans N, Σ, 13, 69, 124, 346, 2 pe, 28, a, c, b.

XI, 13, φυλλα ⟨μονον⟩ : C', N, Σ, 13, 69, 124, 346, 28, 2 pe,
b, c, q, r.

XI, 31, λεγοντες ⟨τι ειπωμεν⟩ εαν ειπωμεν : D, 28, 13, 69,
124, 346, 2 pe, a, b, c.

XII, 38, εν ταις αγοραις ⟨ποιεισθαι⟩ : D, 2 pe (a, c, i, r, Vulg.).

XII, 43, η σ̄Ἰωχη αυτη : D, Σ, 2 pe, a, b, i, q.

XIII, 19, θλιψεις οιαι ου γεγοναν ουδεποτε τοιαυται : D, 2 pe,
Vet. lat.[2]

XIV, 41, απεχει το ⟨τελος⟩ ηλθεν η ωρα : D, 13, 69, 124, 2 pe,
Itala.

XIV, 61, επηρωτησεν αυτον ⟨εκ δευτερου⟩ λεγων : 13, 69, 124,
346, 2 pe, c, ff².

Ces leçons que nous venons de citer suffisent à établir la cou-
leur occidentale de l'élément distinctif du *Beratinus*; dans une
proportion moindre nous y relevons des leçons que l'on peut
qualifier d'anciennes non occidentales. De ce chef, je citerai les
suivantes :

[1] Cf. Westcott et Hort, II, p. 99.

[2] La leçon de 2 pe (cursif 81 de Hort) est d'après Tischendorf θλιψεις
οιαι ου γεγονασι ποτε (M. Belsheim lit οια). D'ailleurs l'intérêt de cette leçon
porte sur l'emploi du pluriel. θλιψεις pour θλιψις, et le reste.

MATH. VI, 10, και επι γης, avec B, א, Z, Δ, Σ, 1, 22, 406, Clem., Orig.

VI, 25, τι φαγητε η η τι πιητε avec B, 13, 124, 33, Origène.

VII, 24, ομοιωθη[σε]ται ανδρι φρονιμω, avec B, א, Z, 1, 13, 124, 22, 33, la version sahidique, Origène, etc.

VIII, 13, υπαγε [και] ως επιστευσας, supprime και avec B, א, la sahid. et la memph.

VIII, 13, ⟨και υποστρεψας ο εκατονταρχος εις τον οικον αυτου εν αυτη τη ωρα ευρεν τον παιδα αυτου υγιαινοντα⟩, avec C, א*, M, U, X, 124.

XIV, 19, επι του χορτου, avec א, B, C*, I, Σ.

XVI, 20, αυτος εστιν ο χριστος, sans ιησους, avec B, א, L, X, Origène.

XVIII, 7, αναγκη γαρ ελθειν, suppression de εστίν avec B, L, Σ, 1, 33, la sahidique, saint Cyrille.

XIX, 5, τον πατερα ⟨αυτου⟩, ajoute αὐτοῦ, avec C, Δ, Σ, 1, 13, 69, 124, 346, 33, la sahidique, la memphitique, Origène. [Cette leçon doit être alexandrine, mais elle peut être aussi tout accidentelle.]

XXII, 25, γημας, avec א, B, L, Σ.

XXIV, 48, ερχεσθαι, avec Σ, 1, 157, 209.

XXVI, 8, αυτη του μυρου, avec Σ, 157, a, b, etc.

XXVIII, 19, πορευθεντες ουν, avec B, Δ, Π, Σ.

MARC. III, 4, εσιωπησαν, avec Σ, L, a, g¹, q.

IV, 11, τα μυστηρια, avec G, Σ, 1, 118.

IV, 31, κοκκω, avec א, B, D, Δ, Π*, Σ.

VII, 11, ⟨οσ⟩εαν, avec A, Σ, 33.

VIII, 15, ορατε ⟨και⟩ βλεπετε, addition de καί avec 13, 69, 124, 346, 28, et la memphitique.

XI, 30, ⟨ποθεν⟩ ην, avec א, C, 33, et la sahidique.

XII, 28, ιδων, avec א*, C, D, L, Σ.

XIII, 11, υμεις εστε, avec M, U, Σ...

Ce qui se dégage des leçons que je viens de citer, c'est que le texte de Φ, syrien dans son fonds (ce point était hors de cause), est affecté dans une forte proportion par des variantes présyriennes, soit occidentales, et ce sont les plus considérables, soit non occidentales. De plus, l'élément non syrien de Φ présente un caractère analogue à l'élément non syrien de N, de Σ et du prototype dont descendent les cursifs 13, 69, 124 et 346 : c'est un fait qu'une statistique n'aurait pas de peine à certifier, mais que les citations précédentes autorisent suffisamment à émettre.

Peut-être même y aurait-il un pas de plus à faire. L'on pourrait dire que certaines rencontres de Φ avec N, ou Σ, ou 13-69-124-346, proviennent probablement d'un type commun dont à un moment donné, directement ou indirectement, ils auront subi l'influence. Voici quelques coïncidences qui appuieront encore cette appréciation :

MATH. XXIV, 18, εις τα οπισω : Φ, Σ, 33.

XXII, 38, η πρωτη και μεγαλη : Φ, Σ, Δ, Θ[b].

XXIII, 37, αποκτεινασα : Φ, Σ, Origène et Théodoret.

XXVII, 58, το σωμα του ιησου : Φ, Σ, peschito.

XV, 31, κωφους λαλουντας : la plupart des manuscrits; κωφους ακουοντας : Φ, B, 59, 115, 238; κωφους ακουοντας και λαλουντας : Σ.

XVI, 4, ο δε αποκριθεις ειπεν αυτοις : Φ; και αποκριθεις ο ιησους ειπεν : Σ, 25, 32, 240, 244.

MARC. IV, 34, ουκ ελαλει αυτοις τον λογον : Φ, Σ, 1, 33, 75. Cf. IV, 33.

X, 5, επετρεψεν : Φ, Σ, N.

X, 36, ο δε ιησους : Φ, Σ.

XIII, 32, η ωρας εκεινης : Φ, Σ.

XIV, 49, αι γραφαι των προφητων : Φ, N, 13, 69, 124, 346, 2 pe.

Un mot enfin sur les formes du *Beratinus*. Les unes tiennent à des fautes d'itacisme[1] : le scribe écrira ι pour ει, ou ει pour ι, ou λι pour ε, ou ω pour ο et pour ου, plus rarement η pour ει et pour ε, ou γ pour οι; c'est la monnaie courante de tous les scribes. Mais d'autres variantes tiennent à des particularités

---

[1] Exemples : πετινα, ασελγια, γρηγοριτε, σειτον, αιχιδνων, αισθιω, δοκιτε, πειω, βαπλιση (pour βαπλισει), μνημια, τρις, απηγγιλαν, ποιμαινα, συ (pour σοι). Signalons encore des accommodations du genre de : συνζητουντες, λημψεται, συνσταυρωθεντες, συνλαλουντες, des redoublements de consonnes comme : εραππισαν, ρακκους, εκχυννομενον. Signalons enfin des fautes véritables μετηνοησαν (Math. XII, 41), ωκοδοσεν, ομοιωθηται (VII, 24), εδωκα (XXVII, 10), ακρισιας (XXIII, 25), δωσιν (Marc. XIII, 12).

dialectales, et, indice bien remarquable du caractère mixte de notre texte, elles ne sont pas constantes [1]. Les unes sont d'ordre grammatical. Nous lisons ηλθατε (Math. XXV, 36), ελθατω (X, 13), εισελθατε (VII, 13); on a donné à un aoriste second la terminaison de l'aoriste premier [2]; mais cette forme ne se rencontre dans le *Beratinus* que dans les trois cas que nous venons de citer, et partout ailleurs la forme normale reprend son cours : ηλθετε, ελθετω, εξηλθετε (Math. XXVI, 55; VI, 10; XXVI, 39; Marc. XIV, 48, etc.). Les autres sont d'ordre orthographique. Nous lisons μωϋσης, ματθεον, ζεβεδεου, βαρθολομεος, αλφεος, λεββεος, θαδδεος, γομορρα, γεννησαρεθ, ηλει, λευειν, χοραζειν, καισαρια, ταμιοις, ιδον, ιδεν; et aussi μωσης, ζεβεδαιος, φαρισαιος, σαδδουκαιος, ηλιας, πιλατος, γαλιλαια, ειδως, ειληφως.

Il est, en terminant, une omission dont rien ne m'excuserait : celle qui consisterait à ne point remercier ici les personnes auxquelles j'ai dû le plus, dans ma mission et dans ce travail. Que mon ami M. Sauvaire, consul de France à Janina, mon maître M. Édouard Tournier, maître de conférences à l'École des hautes études, tout particulièrement M. Delisle, à l'appui de qui ces pages doivent de paraître, mais surtout M. F.-J.-A. Hort, de Cambridge, dont la modestie ne veut pas laisser connaître les suggestions et les corrections que son incomparable connaissance du Nouveau Testament m'a dictées, — que tous veuillent bien agréer ici l'expression de ma vive gratitude.

Paris, novembre 1885.

[1] Un élément de même nature à relever : les nombres sont marqués de deux manières dans le *Beratinus* : tantôt le scribe les écrit en toutes lettres, πεντε, δωδεκα, tantôt il les écrit d'après les principes de la numération grecque, ις', λ'. Dans le premier cas, c'est le plus fréquent, il est d'accord avec la majorité des manuscrits, et particulièrement avec א, A, B, C, ...Z, N, Σ; dans le second il tient du seul *codex Bezæ* D.

[2] Le même fait se reproduit aux mêmes passages pour le *Rossanensis* Σ (deficiente א). Cf. Beelen, *Grammatica Novi Testamenti* (1857), p. 51.

NOTES ADDITIONNELLES.

Page 13, note 2. — Le personnage dont il est question dans cette souscription, à savoir « Jean l'Ange, oncle de l'illustre empereur Théodore Comnène Lascaris », est difficile à identifier. Après avoir hésité entre divers noms, je crois pouvoir m'arrêter à l'hypothèse suivante. Ce Théodore Comnène Lascaris serait l'empereur qui, après la prise de Constantinople par les Latins (1206), restaura l'Empire byzantin à Nicée. On ne connaît pas la généalogie de ce Théodore Ier (Ducange, *Hist. byz.*, 218), mais on sait que son accession au trône était due à son mariage avec la princesse Anne, fille de l'empereur Alexis III Comnène (1195-1202), lequel n'eut point d'enfant mâle. Or, Alexis III eut deux frères, dont l'un, Isaac II, l'avait précédé sur le trône (1185-1195) et lui succéda un instant (1203-1204), mais dont l'autre n'est guère connu que de nom : il s'appelait Jean l'Ange (Ducange, 203). Ce Jean l'Ange fut-il moine ? C'est très vraisemblable. En tout cas, l'on comprend que le scribe ne lui ait donné d'autre titre que celui d'oncle de Théodore Comnène, son neveu par alliance étant d'une part tout autrement populaire que ses deux frères et d'autre part encore régnant peut-être au moment où fut rédigée la souscription du manuscrit donné à l'Eléoussa.

Page 17, note 4. — Un de mes correspondants me demande si c'est le *Codex aureus* ou le *Codex φ* qui a donné naissance à la légende de l'autographe de saint Jean Chrysostome ? Nul doute que ce soit le *Codex φ*, témoin la mention qu'en fait déjà le diptyque de saint Georges (τετραευαγγέλιον τὸ οἰκειόχειρον τοῦ Χρυσοσλόμου ἀσημόγραφον) et la note qui figure à la garde dudit *Codex*. Comment alors le *Codex aureus* a-t-il été attribué à saint Jean Chrysostome ? C'est qu'en réalité il est le seul qui, à Bérat, soit exposé au populaire, demeuré comme il est la propriété d'une église de plein exercice, tandis que le *Codex φ* est soigneusement conservé dans une armoire de la maison épiscopale et n'est jamais offert aux « baisers des chrétiens accourus de tous côtés ». Ne fût-il pas soustrait aux yeux du public, le *Codex φ* était de nature à être supplanté par le *Codex aureus*, qui est en meilleur état et à lettres d'or : la raison est enfantine, j'en conviens, mais comme la croyance en question. M. Alexoudis l'a enregistrée scrupuleusement et sans décider auquel des deux manuscrits elle devait, en droit, se rattacher : tout le monde comprendra les motifs de cette réserve.

ÉVANGILES

DE SAINT MATHIEU ET DE SAINT MARC

D'APRÈS

LE *CODEX PURPUREUS BERATINUS.*

[ΕΥΑΓΓΕΛΙΟΝ ΚΑΤΑ ΜΑΤΘΕΟΝ⁽¹⁾.]

[VI.] ˙˙˙ η αρισ]ερα σου τι ποιει η δεξια σου ⁴οπως η σου η
ελεημοσυνη εν τω κρυπ]ω και ο π̅η̅ρ̅ σου ο βλεπων εν τω κρυπ]ω
αυτος αποδωσει σοι εν τω Φανερω˙

⁵Και οταν προσευχη ουκ εση ωσπερ οι υποκριται οτι φιλουσιν
εν ταις συναγωγαις και εν ταις γωνιαις των πλατιων εσ]ωτες προσ-
ευχεσθαι οπως αν Φανωσιν τοις α̅ν̅ο̅ι̅ς̅ αμην λεγω υμιν οτι απε-
χουσιν τον μισθον αυτων˙

⁶Συ δε οταν προσευχη εισελθε εις τα ταμειον σου και κλισας την
θυραν σου προσευξαι τω π̅ρ̅ι̅ σου τω εν τω κρυπ]ω και ο π̅η̅ρ̅ σου
ο βλεπων εν τω κρυπ]ω αποδωσει σοι εν τω Φανερω˙ ⁷προσευχο-
μενοι δε μη βατ]ολογησητε ωσπερ οι εθνικοι δοκουσιν γαρ οτι εν
τη πολυλογια αυτων εισακουσθησονται˙ ⁸μη ουν ομοιωθητε αυτοις
οιδεν γαρ ο π̅η̅ρ̅ υμων ων χριαν εχετε προ του υμας αιτησαι αυ-
τον˙ ⁹οντως ουν προσευχεσθε υμεις˙ π̅ε̅ρ̅ ημων

Ο εν τοις α̅υ̅ν̅ο̅ι̅ς̅ αγιασθητω το ονομα σου˙ ¹⁰ελθετω η βασιλεια
σου˙ γενηθητω το θελημα σου ως εν ο̅υ̅ν̅ω̅ και επι γης˙ ¹¹τον αρ-
τον ημων τον επιουσιον δος ημιν σημερον ¹²και αφες ημιν τα

⁽¹⁾ In textu edendo eadem methodo usus sum qua v. cl. Joannes Wordsworth
in describendo codice 15 Sangermanensi (*Old latin bibl. Texts*, n° *I*). Quidquid
occurrebat vitiorum vel emendationum a parte scribæ, in scholiis meis adnotavi.
Interpunctionem codicis in fine versuum expressi, de cetero neglexi, et si qua
est mea est. Indices vero capitulorum atque sect. Amm. vel canonum Eus. omisi.
Versuum numeri in lectoris gratiam a me additi Stephani sunt.

VI, 9, π̅ε̅ρ̅ ημων] littera major qua versus incipit, ut spatio parceretur, usur-
pata est a scriba in principio lineæ proximæ, non versus incipientis : et ita plu-
ries. Satis erit hic una expressisse.

οφειληματα ημων ως και ημεις αφιεμεν τοις οφειλεταις ημων
[fol. 2] ¹³και μη εισενεγκης ημας εις πειρασμον αλλα ρυσαι ημας
απο του πονηρου· οτι σου εσλιν η βασιλεια και η δυναμις και η
δοξα εις τους αιωνας αμην·

¹⁴Εαν γαρ αφητε τοις ανοις τα παραπλωματα αυτων αφησει και
υμιν ο πηρ υμων ο ουρανιος ¹⁵εαν δε μη αφητε τοις ανοις τα πα-
ραπλωματα αυτων ουδε ο πηρ υμων αφησει τα παραπλωματα υμων·

¹⁰Οταν δε νησλευητε μη γινεσθε ωσπερ οι υποκριται σκυθρω-
ποι αφανιζουσιν γαρ τα προσωπα αυτων οπως φανωσιν τοις ανοις
νησλευοντες· αμην λεγω υμιν οτι απεχουσιν τον μισθον αυτων·
¹⁷συ δε νησλευων αλιψαι σου την κεφαλην και το προσωπον σου
νιψαι ¹⁸οπως μη φανης τοις ανοις νησλευων αλλα τω πρι σου τω
εν τω κρυπλω και ο πηρ σου ο βλεπων εν τω κρυπλω αποδωσει
σοι·

¹⁰Μη θησαυριζετε υμιν θησαυρους επι της γης οπου σης και
βρωσις αφανιζει και οπου κλεπλαι διορυσσουσιν και κλεπλουσιν·
²⁰Θησαυριζετε δε υμιν θησαυρους εν ουνω οπου ουτε σης ουτε
βρωσις αφανιζει και οπου κλεπλαι ου διορυσσουσιν ουδε κλεπλου-
σιν· ²¹οπου γαρ εσλιν ο θησαυρος υμων εκει εσλαι και η καρδια
υμων· ²²ο λυχνος

Του σωματος εσλιν ο οφθαλμος [fol. 3] εαν ουν η οφθαλμος
σου απλους ολον το σωμα σου φωτεινον εσλαι ²³εαν δε ο οφθαλμος
σου πονηρος η ολον το σωμα σου σκοτεινον εσλαι· ει ουν το φως
το εν σοι σκοτος εσλιν τα σκοτος ποσον·

²⁴Ουδεις οικετης δυναται δυσιν κυριοις δουλευειν η γαρ τον ενα
μισησει και τον ετερον αγαπησει η ενος ανθεξεται και του ετερου
καταφρονησει· ου δυνασθε θεω δουλευειν και μαμωνα·

²⁵Δια τουτο λεγω υμιν μη μεριμνατε τη ψυχη υμων τι φαγητε η
τι πιειητε μηδε τω σωματι υμων τι ενδυσησθε· ουχι η ψυχη πλειον
εσλιν της τροφης και το σωμα του ενδυματος· ²⁶εμβλεψατε εις τα
πετινα του ουνου οτι ου σπιρουσιν ουδε θεριζουσιν ουδε συναγου-
σιν εις αποθηκας και ο πηρ υμων ο ουρανιος τρεφει αυτα· ουχ
υμεις μαλλον διαφερετε αυτων·

²⁷Τις δε εξ υμων μεριμνων δυναται προσθειναι επι την ηλικιαν
αυτου πηχυν ενα· ²⁸και περι ενδυματος τι μεριμνατε· καταμαθετε
τα κρινα του αγρου πως αυξανει ου κοπια ουδε νηθει·

²⁹Λεγω δε υμιν οτι ουδε σολομων εν παση τη δοξη αυτου περιε-
βαλετο ως εν τουτων ·

³⁰Ει δε τον χορτον του αγρου σημερον οντα και αυριον εις κλι-
βανον βαλλομενον ο Θς [fol. 4] ουτως αμφιεννυσιν ου πολλω μαλ-
λον υμας ολιγοπιστοι ·

³¹Μη ουν μεριμνησητε λεγοντες τι φαγωμεν η τι πειωμεν η τι
περιβαλωμεθα ³²παντα γαρ ταυτα τα εθνη επιζητει οιδεν γαρ ο
πηρ υμων ο συνιος οτι χρηζετε τουτων απαντων · ³³ζητιτε δε πρω-
τον την βασιλειαν του Θυ και την δικαιοσυνην αυτου και ταυτα
παντα προστεθησεται υμιν · ³⁴μη ουν μεριμνησητε εις την αυριον
η γαρ αυριον μεριμνησει τα εαυτης· αρκετον τη ημερα η κακια αυ-
της·

[VII.] Μη κρινετε ινα μη κριθητε· ²εν ω γαρ κριματι κρινετε
κριθησεσθε και εν ω μετρω μετριτε αντιμετρηθησεται υμιν·

³Τι δε βλεπεις το καρφος το εν τω οφθαλμω του αδελφου σου
την δε εν τω σω οφθαλμω δοκον ου κατανοεις· ⁴η πως ερεις τω
αδελφω σου αφες εκβαλω το καρφος απο του οφθαλμου σου και
ιδου η δοκος εν τω οφθαλμω σου· ⁵υποκριτα εκβαλε πρωτον την
δοκον εκ του οφθαλμου σου και τοτε διαβλεψεις εκβαλειν το καρφος
εκ του οφθαλμου του αδελφου σου·

⁶Μη δωτε το αγιον τοις κυσιν μηδε βαλητε τους μαργαριτας υμων
εμπροσθεν των χοιρων μηποτε καταπατησωσιν αυτους εν τοις πο-
σιν αυτων και στραφεντες ρηξωσιν υμας·

[Fol. 5] ⁷Αιτειτε και δοθησεται υμιν ζητιτε και ευρησετε κρουετε
και ανοιγησεται υμιν· ⁸πας γαρ ο αιτων λαμβανει και ο ζητων ευ-
ρισκει και τω κρουοντι ανοιγησεται·

⁹Η τις εστιν εξ υμων ανος ον εαν αιτηση ο υς αυτου αρτον μη
λιθον επιδωσει αυτω· ¹⁰και εαν ιχθυν αιτηση μη οφιν επιδωσει
αυτω· ¹¹ει ουν υμεις πονηροι οντες οιδατε δοματα αγαθα διδοναι
τοις τεκνοις υμων ποσω μαλλον ο πηρ υμων ο εν τοις ουνοις δωσει
αγαθα τοις αιτουσιν αυτον·

¹²Παντα ουν οσα αν θελητε ινα ποιωσιν υμιν οι ανοι ουτως
και υμεις ποιειτε αυτοις ουτος γαρ εστιν ο νομος και οι προφη-
ται·

* εστιν] supra lineam additum eadem manu.

¹³Εισελθατε δια της στενης πυλης οτι πλατια η πυλη και ευρυχωρος η οδος η απαγουσα εις την απωλιαν και πολλοι εισιν οι εισερχομενοι δι αυτης · ¹⁴τι στενη η πυλη και τεθλιμμενη η οδος η απαγουσα εις την ζωην και ολιγοι εισιν οι ευρισκοντες αυτην ·

¹⁵Προσεχετε δε απο των ψευδοπροφητων οιτινες ερχονται προς υμας εν ενδυμασιν προβατων εσωθεν δε εισιν λυκοι αρπαγες · ¹⁶απο των καρπων αυτων επιγνωσεσθε αυτους ·

Μητι συλλεγουσιν απο ακανθων σταφυλην η απο τριβολων συκα ·

¹⁷Ουτως παν δενδρον αγαθον καρπους καλους [fol. 6] ποιει το δε σαπρον δενδρον καρπους πονηρους ποιει · ¹⁸οτι δυναται δενδρον αγαθον καρπους πονηρους ποιειν ουδε δενδρον σαπρον καρπους καλους ποιειν · ¹⁹παν ουν δενδρον μη ποιουν καρπον καλον εκκοπτεται και εις πυρ βαλλεται · ²⁰αραγε απο των καρπων αυτων επιγνωσεσθε αυτους ·

²¹Ου πας ο λεγων μοι κε κε εισελευσεται εις την βασιλειαν των ουρανων αλλ ο ποιων το θελημα του προς μου του εν ουνοις αυτος εισελευσεται εις την βασιλειαν των ουρανων ·

²²Πολλοι ερουσιν μοι εν εκεινη τη ημερα κε κε ου τω σω ονοματι προεφητευσαμεν και τω σω ονοματι δαιμονια εξεβαλομεν και τω σω ονοματι δυναμεις πολλας εποιησαμεν ²³και τοτε ομολογησω αυτοις οτι ουδεποτε εγνων υμας αποχωριτε απ εμου οι εργαζομενοι την ανομιαν ·

²⁴Πας ουν οστις ακουει μου τους λογους τουτους και ποιει αυτους ομοιωθηται ανδρι φρονιμω οστις ωκοδοσεν την οικιαν αυτου επι την πετραν ²⁵και κατεβη η βροχη και ηλθον οι ποταμοι και επνευσαν οι ανεμοι και προσεπεσον τη οικια εκεινη και ουκ επεσεν τεθεμελιωτο γαρ επι την πετραν ·

²⁶Και πας ο ακουων μου τους λογους τουτους και μη ποι ⁎ ⁎ ⁎

[Fol. 7] [VIII.] ⁎ ⁎ ⁎ θεραπευσω αυτον ⁎ ⁎ ⁎

⁸Και αποκριθεις ο εκατονταρχος εφη κε ουκ ειμι ικανος ινα

¹⁴ τι] deest o.
¹⁶ εν) supra lineam additum.
²⁴ ωκοδο[et inde, linea sequenti]σεν.
²⁶ ποι] explicit fol. 6 col. 4; deficit fol. unum; incipit VIII, 7, in θεραπευσω.

μου υπο την στεγην εισελθης αλλα μονον ειπε λογω και ιαθησε-
ται ο παις μου· ⁹και γαρ εγω α̅ν̅ο̅ς̅ ειμι υπο εξουσιαν εχων υπ
εμαυτον στρατιωτας και λεγω τουτω πορευθητι και πορευεται και
αλλω ερχου και ερχεται και τω δουλω μου ποιησον τουτο και
ποιει·

¹⁰Ακουσας δε ο ι̅ς̅ εθαυμασεν και ειπεν τοις ακολουθουσιν·
αμην λεγω υμιν ουδε εν τω ιη̅λ̅ τοσαυτην πιστιν ευρον·

¹¹Λεγω δε υμιν οτι πολλοι απο ανατολων και δυσμων ηξουσιν
και ανακλιθησονται μετα αβρααμ και ισαακ και ιακωβ εν τη βασι-
λεια των ου̅ν̅ω̅ν̅· ¹²οι δε υιοι της βασιλειας εκβληθησονται εις το
σκοτος το εξωτερον εκει εσται ο κλαυθμος και ο βρυγμος των οδον-
των·

¹³Και ειπεν ο ι̅ς̅ τω εκατονταρχω υπαγε ως επιστευσας γενη-
θητω σοι·

Και ιαθη ο παις αυτου εν τη ωρα εκεινη· και υποστρεψας ο εκα-
τονταρχος εις τον οικον αυτου εν αυτη τη ωρα ευρεν τον παιδα αυ-
του υγιαινοντα·

¹⁴Και ελθων ο ι̅ς̅ εις την οικιαν πετρου ιδεν την πενθεραν
αυτου βεβλημενην επι κλινης και πυρεσσουσαν· ¹⁵και ηψατο της
χειρος αυτης και αφηκεν αυτην ο [fol. 8] πυρετος και ηγερθη και
διηκονει αυτοις·

¹⁶Οψιας δε γενομενης προσηνεγκαν αυτω δαιμονιζομενους πολ-
λους και εξεβαλεν τα πνευματα λογω και παντας τους κακως εχον-
τας εθεραπευσεν ¹⁷οπως πληρωθη το ρηθεν δια ησαιου του προ-
φητου λεγοντος· αυτος τας ασθενειας ημων ελαβεν και τας νοσους
εβαστασεν·

¹⁸Ιδων δε ο ι̅ς̅ πολλους οχλους περι αυτον εκελευσεν απελθειν
εις το περαν·

¹⁹Και προσελθων ις γραμματευς ειπεν αυτω· διδασκαλε ακολου-
θησω σοι οπου εαν απερχη· ²⁰και λεγει αυτω ο ι̅ς̅· αι αλωπεκες
φωλεους εχουσιν και τα πετινα του ου̅ν̅ου̅ κατασκηνωσεις ο δε υ̅ς̅
του α̅ν̅ου̅ ουκ εχει που την κεφαλην κλινη·

²¹Ετερος δε των μαθητων αυτου ειπεν αυτω· κ̅ε̅ επιτρεψον μοι
πρωτον απελθειν και θαψαι τον π̅ρ̅α̅ μου·

²²Ο δε ι̅ς̅ ειπεν αυτω· ακολουθει μοι και αφες τους νεκρους θα-
ψαι τους εαυτων νεκρους·

²³Και εμβαντι αυτω εις το πλοιον ηκολουθησαν αυτω οι μαθηται αυτου· ²⁴και ιδου σισμος μεγας εγενετο εν τη θαλασση ωσʈε το πλοιον καλυπʈεσθαι υπο των κυματων αυτος δε εκαθευδεν·

²⁵Και προσελθοντες οι μαθηται αυτου ηγιραν αυτον λεγοντες· κε σωσον ημας απολ[fol. 9]λυμεθα· ²⁶και λεγει αυτοις· τι διλοι εσʈε ολιγοπισʈοι·

Τοτε εγερθεις επετιμησεν τοις ανεμοις και τη θαλασση και εγενετο γαληνη μεγαλη·

²⁷Οι δε ανοι εθαυμασαν λεγοντες· ποταπος εσʈιν ουτος οτι οι ανεμοι και η θαλασσα υπακουουσιν αυτω·

²⁸Και ελθοντος αυτου εις το περαν εις την χωραν των γεργεσηνων υπηντησαν αυτω δυο δαιμονιζομενοι εκ των μνημιων εξερχομενοι χαλεποι λιαν ωσʈε μη ισχυειν τινα παρελθειν δια της οδου εκεινης·

²⁹Και ιδου εκραξαν λεγοντες· τι ημιν και σοι ιυ υε του θυ ηλθες ωδε προ καιρου βασανισαι ημας· ³⁰ην δε μακραν απ αυτων αγελη χοιρων πολλων βοσκομενη· ³¹οι δε δαιμονες παρεκαλουν αυτον λεγοντες ει εκβαλλεις ημας επιτρεψον ημιν απελθειν εις την αγελην των χοιρων· ³²και ειπεν αυτοις υπαγετε·

Οι δε εξελθοντες απηλθον εις την αγελην των χοιρων·

Και ιδου ωρμησεν πασα η αγελη κατα του κρημνου εις την θαλασσαν και απεθανον εν τοις υδασιν·

³³Οι δε βοσκοντες εφυγον και απελθοντες εις την πολιν απηγγιλαν παντα και τα των δαιμονιζομενων·

³⁴Και ιδου πασα η πολις εξηλθεν εις συναντησιν τω ιυ και ιδοντες αυτον παρεκαλε[fol. 10]σαν οπως μεταβη απο των οριων αυτων·

[IX.] Και εμβας εις το πλοιον διεπερασεν και ηλθεν εις την ιδιαν πολιν· ²και ιδου προσεφερον αυτω παραλυτικον επι κλινης βεβλημενον· και ιδων ο ις την πισʈιν αυτων ειπεν τω παραλυτικω θαρσι τεκνον αφεωνται σοι αι αμαρτιαι σου·

³Και ιδου τινες των γραμματεων ειπον εν εαυτοις ουτος βλασφημει·

⁴Και ιδων ο ις τας ενθυμησεις αυτων ειπεν ινα τι υμεις ενθυμισθε πονηρα εν ταις καρδιαις υμων· ⁵τι γαρ εσʈιν ευκοπωτερον

ειπειν αφεωνται σου αι αμαρτιαι η ειπειν εγιρε και περιπατι· ⁶ινα
δε ειδητε οτι εξουσιαν εχει ο ͞υς του ͞αν͞ου επι της γης αφιεναι
αμαρτιας τοτε λεγει τω παραλυτικω εγερθεις αρον σου την κλινην
και υπαγε εις τον οικον σου· ⁷και εγερθεις απηλθεν εις τον οικον
αυτου·

⁸Ιδοντες δε οι οχλοι εθαυμασαν και εδοξασαν τον ͞Θ͞ν τον δοντα
εξουσιαν τοιαυτην τοις ͞αν͞οις·

⁹Και παραγων ο ͞ις εκειθεν ειδεν ͞αν͞ον καθημενον επι το τελω-
νιον ματθεον λεγομενον και λεγει αυτω ακολουθει μοι· και αναστας
ηκολουθησεν αυτω·

¹⁰Και εγενετο αυτου ανακειμενου εν τη οικια και ιδου πολλοι
τελωναι και αμαρτωλοι ελ[fol. 11]θοντες συνανεκειντο τω ͞ιυ και
τοις μαθηταις αυτου·

¹¹Και ιδοντες οι Φαρισαιοι ειπον τοις μαθηταις αυτου· διατι μετα
των τελωνων και αμαρτωλων αισθιει ο διδασκαλος υμων·

¹²Ο δε ͞ις ακουσας ειπεν αυτοις ου χριαν εχουσιν οι ισχυοντες
ιατρου αλλ οι κακως εχοντες· ¹³πορευθεντες δε μαθετε τι εστιν
ελεος θελω και ου θυσιαν· ου γαρ ηλθον καλεσαι δικαιους αλλα
αμαρτωλους·

¹⁴Τοτε προσερχονται αυτω οι μαθηται ιωαννου λεγοντες διατι
ημεις και οι Φαρισαιοι νηστευομεν πολλα οι δε μαθηται σου ου
νηστευουσιν·

¹⁵Και ειπεν αυτοις ο ͞ις· μη δυνανται οι υιοι του νυμφωνος πεν-
θειν εφ οσον μετ αυτων εστιν ο νυμφιος· ελευσονται δε ημεραι οταν
απαρθη απ αυτων ο νυμφιος και τοτε νηστευσουσιν·

¹⁶Ουδεις δε επιβαλλει επιβλημα ρακκους αγναφου επι ιματιω πα-
λαιω· αιρει γαρ το πληρωμα αυτου απο του ιματιου και χειρον
σχισμα γινεται·

¹⁷Ουδε βαλλουσιν οινον νεον εις ασκους παλαιους· ει δε μηγε
ρηγνυνται οι ασκοι και ο οινος εκχειται και οι ασκοι απολουνται·
αλλα βαλλουσιν οινον νεον εις ασκους καινους και αμφοτερα συν-
τηρουνται·

¹⁸Ταυτα αυτου λα[fol. 12]λουντος αυτοις ιδου αρχων εισελθων
προσεκυνει αυτω λεγων οτι η θυγατηρ μου αρτι ετελευτησεν· αλλα
ελθων επιθες την χειρα σου επ αυτην και ζησεται· ¹⁹και εγερθεις
ο ͞ις ηκολουθησεν αυτω και οι μαθηται αυτου·

²⁰Και ιδου γυνη αιμορροουσα δωδεκα ετη προσελθουσα οπισθεν ηψατο του κρασπεδου του ιματιου αυτου · ²¹ελεγεν γαρ εν εαυτη εαν μονον αψωμαι του ιματιου αυτου σωθησομαι · ²²ο δε ι͞ς επισ- ρραφεις και ιδων αυτην ειπεν · θαρσι θυγατερ η πισ͞ις σου σε- σωκεν σε · και εσωθη η γυνη απο της ωρας εκεινης · ²³και ελθων ο ι͞ς εις την οικιαν του αρχοντος και ιδων τους αυλητας και τον οχλον θορυβουμενον λεγει αυτοις · ²⁴αναχωρειτε ου γαρ απεθανεν το κορασιον αλλα καθευδει · και κατεγελων αυτου ·

²⁵Οτε δε εξεβληθη ο οχλος εισελθων εκρατησεν της χειρος αυτης και ηγερθη το κορασιον · ²⁶και εξηλθεν η φημη αυτη εις ολην την γην εκεινην ·

²⁷Και παραγοντι εκειθεν τω ι͞υ ηκυλουθησαν αυτω δυο τυφλοι κραζοντες και λεγοντες ελεησον ημας υ͞ε δα͞δ ·

²⁸Ελθοντι δε εις την οικιαν προσηλθον αυτω οι τυφλοι δεομενοι και λεγει αυτοις ο ι͞ς πισ͞ευετε οτι δυναμαι [fol. 13] τουτο ποιησαι ·

Λεγουσιν αυτω ναι κ͞ε · ²⁹τοτε ηψατο των οφθαλμων αυτων λε- γων κατα την πισ͞ιν υμων γενηθητω υμιν ³⁰και παραχρημα ανεω- χθησαν αυτων οι οφθαλμοι ·

Και ενεβριμησατο αυτοις ο ι͞ς λεγων ορατε μηδεις γινωσ- κετω ·

³¹Οι δε εξελθοντες διεφημησαν αυτον εν ολη τη γη εκεινη ·

³²Αυτων δε εξερχομενων ιδου προσηνεγκαν αυτω αν̅ο̅ν̅ κωφον δαιμονιζομενον · ³³και εκβληθεντος του δαιμονιου ελαλησεν ο κω- φος · και εθαυμασαν οι οχλοι λεγοντες ουδεποτε εφανη ουτως εν τω ιη̅λ̅ · ³⁴οι δε Φαρισαιοι ελεγον εν τω αρχοντι των δαιμονιων εκβαλλει τα δαιμονια ·

³⁵Και περιηγεν ο ι͞ς τας πολεις πασας και τας κωμας διδασκων εν ταις συναγωγαις αυτων και κηρυσσων το ευαγγελιον της βασι- λειας και θεραπευων πασαν νοσον και πασαν μαλακιαν και πολ- λοι ηκολουθησαν αυτω ·

³⁶Ιδων δε τους οχλους εσπλαγχνισθη περι αυτων οτι ησαν εσ- κυλμενοι και ερριμμενοι ωσει προβατα μη εχοντα ποιμενα ·

³⁷Τοτε λεγει τοις μαθηταις αυτου ο μεν θερισμος πολυς οι δε εργαται ολιγοι ³⁸δεηθητε ουν του κ͞υ του θερισμου οπως εκβαλη εργατας εις τον θερισμον αυτου ·

[Fol. 14] [X.] Και προσκαλεσαμενος τους ιϐ´ μαθητας αυτου
εδωκεν αυτοις εξουσιαν πνευματων ακαθαρτων ωστε εκϐαλλειν αυτα
και θεραπευειν πασαν νοσον και πασαν μαλακιαν·

²Των δε δωδεκα αποστολων τα ονοματα εστιν ταυτα· πρωτος
σιμων ο λεγομενος πετρος και ανδρεας ο αδελφος αυτου ιακωϐος ο
του ζεϐεδαιου και ιωαννης ο αδελφος αυτου ³φιλιππος και ϐαρθολο-
μεος θωμας και ματθεος ο τελωνης ιακωϐος ο του αλφαιου και λεϐ-
ϐεος ο επικληθεις θαδδεος ⁴σιμων ο κανανιτης και ιουδας ο ισκα-
ριωτης ο και παραδους αυτον·

⁵Τουτους τους ιϐ´ απεστιλεν ο ιϲ παραγγιλας αυτοις λεγων εις
οδον εθνων μη απελθητε και εις πολιν σαμαριτων μη εισελθητε·
⁶πορευεσθε δε μαλλον προς τα προϐατα τα απολωλοτα οικου ιηλ·
⁷πορευομενοι δε κηρυσσετε λεγοντες οτι ηγγικεν η ϐασιλεια των
ουνων·

⁸Ασθενουντας θεραπευετε νεκρους εγιρετε λεπρους καθαριζετε
δαιμονια εκϐαλλετε δωρεαν ελαϐετε δωρεαν δοτε·

⁹Μη κτησησθε χρυσον μηδε αργυρον μηδε χαλκον εις τας ζωνας
υμων ¹⁰μη πηραν εις οδον μηδε δυο χιτωνας [fol. 15] μηδε υπο-
δηματα μηδε ραϐδους· αξιος γαρ ο εργατης της τροφης αυτου εστιν·

¹¹Εις ην δ αν πολιν η κωμην εισελθητε εξετασατε τις εν αυτη
αξιος εστιν κακει μεινατε εως αν εξελθητε·

¹²Εισερχομενοι δε εις την οικιαν ασπασασθε αυτην λεγοντες
ειρηνη τω οικω τουτω· ¹³και εαν μεν η η οικια αξια ελθατω η ει-
ρηνη υμων επ αυτην εαν δε μη η αξια η ειρηνη υμων προς υμας
επιστραφητω·

¹⁴Και ος εαν μη δεξηται υμας μηδε ακουση τους λογους υμων
εξερχομενοι της οικιας η της πολεως εκεινης εκτιναξατε τον κονιορ-
τον των ποδων υμων·

¹⁵Αμην λεγω υμιν ανεκτοτερον εσται γη σοδομων και γομορρας
εν ημερα κρισεως η τη πολει εκεινη·

¹⁶Ιδου εγω αποστελλω υμας ως προϐατα εν μεσω λυκων· γι-
νεσθε ουν φρονιμοι ως οι οφεις και ακεραιοι ως αι περιστεραι·

¹⁷Προσεχετε δε απο των ανων παραδωσωσιν γαρ υμας εις συν-
εδρια και εν ταις συναγωγαις αυτων μαστιγωσωσιν υμας ¹⁸και επι
ηγεμονας δε και ϐασιλεις αχθησεσθε ενεκεν εμου εις μαρτυριον αυ-
τοις και τοις εθνεσιν·

¹⁹Οταν δε παραδωσωσιν υμας μη μεριμνησητε πως η τι λαλη-
σητε· δοθησεται [fol. 16] γαρ υμιν εν εκεινη τη ωρα τι λαλησετε·
²⁰ου γαρ υμεις εσ{τ}ε οι λαλουντες αλλα το π̅ν̅α̅ του π̅ρ̅ο̅ς̅ υμων το
λαλουν εν υμιν·

²¹Παραδωσει δε αδελφος αδελφον εις θανατον·και π̅η̅ρ̅ τεκνον
κ{αι} επανασ{τ}ησονται τεκνα επι γονεις και θανατωσουσιν αυτους
²²και εσεσθε μισουμενοι υπο παντων δια το ονομα μου· ο δε υπο-
μεινας εις τελος ουτος σωθησεται·

²³Οταν δε διωκωσιν υμας εν τη πολει ταυτη φευγετε εις την αλ-
λην· αμην γαρ λεγω υμιν ου μη τελεσητε τας πολεις του ι̅η̅λ̅ εως
αν ελθη ο υ̅ς̅ του α̅ν̅ο̅υ̅·

²⁴Ουκ εσ{τ}ιν μαθητης υπερ τον διδασκαλον ουδε δουλος υπερ τον
κ̅ν̅ αυτου· ²⁵αρκετον τω μαθητη ινα γενηται ως ο διδασκαλος αυτου
και ο δουλος ως ο κ̅ς̅ αυτου·

Ει τον οικοδεσποτην βεελζεβουλ επεκαλεσαν ποσω μαλλον τους
οικιακους αυτου· ²⁶μη ουν φοβηθητε αυτους· ουδεν γαρ εσ{τ}ιν κε-
καλυμμενον ο ουκ αποκαλυφθησεται και κρυπτον ο ου γνωσθη-
σεται·

²⁷Ο λεγω υμιν εν τη σκοτια ειπατε εν τω φωτι και ο εις το ους
ακουετε κηρυξατε επι των δωματων· ²⁸και μη φοβισθε απο των
αποκτεινοντων το σωμα την δε ψυχην [fol. 17] μη δυναμενων
αποκτιναι· φοβηθητε δε μαλλον τον δυναμενον και την ψυχην και
το σωμα απολεσαι εν γεεννη·

²⁹Ουχι δυο σ{τ}ρουθια ασσαριου πωλειται και εν εξ αυτων ου
πεσειται επι την γην ανευ του π̅ρ̅ο̅ς̅ υμων ³⁰υμων δε και αι τρι-
χες της κεφαλης πασαι ηριθμημεναι εισιν· ³¹μη ουν φοβηθητε πολ-
λων σ{τ}ρουθιων διαφερετε υμεις· ³²πας ουν οσ{τ}ις ομολογησει εν
εμοι εμπροσθεν των α̅ν̅ω̅ν̅ ομολογησω καγω εν αυτω εμπροσθεν
του π̅ρ̅ο̅ς̅ μου του εν τοις ου̅ν̅οις·

³³Οσ{τ}ις δ αν αρνησηται με εμπροσθεν των α̅ν̅ω̅ν̅ αρνησομαι αυ-
τον καγω εμπροσθεν του π̅ρ̅ο̅ς̅ μου του εν ου̅ν̅οις·

³⁴Μη νομισητε οτι ηλθον βαλειν ειρηνην επι την γην· ουκ ηλ-
θον βαλειν ειρηνην αλλα μαχαιραν· ³⁵ηλθον γαρ διχασαι α̅ν̅ο̅ν̅ κατα
του π̅ρ̅ο̅ς̅ αυτου και θυγατερα κατα της μ̅ρ̅ο̅ς̅ αυτης και νυμφην
κατα της πενθερας αυτης ³⁶και εχθροι του α̅ν̅ο̅υ̅ οι οικιακοι αυτου·

³⁷Ο φιλων π̅ρ̅α̅ η μ̅ρ̅α̅ υπερ εμε ουκ εσ{τ}ιν μου αξιος και ο φι-

λων υ̅ν̅ η θυγατερα υπερ εμε ουκ εσ7ιν μου αξιος 38 και ος ου λαμ-
βανει τον σ7αυρον αυτου και ακολουθει [fol. 18] οπισω μου ουκ
εσ7ιν μου αξιος·

39 Ο ευρων την ψυχην αυτου απολεσει αυτην και ο απολεσας την
ψυχην αυτου ενεκεν εμου ευρησει αυτην·

40 Ο δεχομενος υμας εμε δεχεται και ο εμε δεχομενος δεχεται τον
αποσ7ιλαντα με· 41 ο δεχομενος προφητην εις ονομα προφητου μι-
σθον προφητου ληψεται και ο δεχομενος δικαιον εις ονομα δικαιου
μισθον δικαιου ληψεται·

42 Και ος εαν ποτιση ενα των μικρων τουτων ποτηριον ψυχρου
μονον εις ονομα μαθητου αμην λεγω υμιν ου μη απολεση τον μισθον
αυτου·

[XI.] Και εγενετο οτε ετελεσεν ο ι̅ς̅ διατασσων τοις δωδεκα μα-
θηταις αυτου μετεβη εκειθεν του διδασκειν και κηρυσσειν εν ταις
πολεσιν αυτων·

2 Ο δε ιωαννης ακουσας εν τω δεσμωτηριω τα εργα του χ̅υ̅ πεμ-
ψας δυο των μαθητων αυτου 3 ειπεν αυτω· συ ει ο ερχομενος η ετε-
ρον προσδοκωμεν· 4 και αποκριθεις ο ι̅ς̅ ειπεν αυτοις· πορευθεντες
απαγγιλατε ιωαννη α ακουετε και βλεπετε· 5 τυφλοι αναβλεπουσιν
και χωλοι περιπατουσιν λεπροι καθαριζονται και κωφοι ακουουσιν
και νεκροι εγιρονται και πτωχοι ευ[fol. 19]αγγελιζονται· 6 και μα-
καριος εσ7ιν ος εαν μη σκανδαλισθη εν εμοι·

7 Τουτων δε πορευομενων ηρξατο ο ι̅ς̅ λεγειν τοις οχλοις περι
ιωαννου· τι εξηλθετε εις την ερημον θεασασθαι καλαμον υπο ανε-
μου σαλευομενον· 8 αλλα τι εξηλθετε ιδειν α̅ν̅ο̅ν̅ εν μαλακοις ιμα-
τιοις ημφιεσμενον· ιδου οι τα μαλακα φορουντες εν τοις οικοις των
βασιλεων εισιν· 9 αλλα τι εξηλθετε ιδειν προφητην ναι λεγω
υμιν και περισσοτερον προφητου·

10 Ουτος γαρ εσ7ιν περι ου γεγραπ7αι· ιδου εγω αποσ7ελλω τον
αγγελον μου προ προσωπου σου ος κατασκευασει την οδον σου
εμπροσθεν σου·

11 Αμην λεγω υμιν ουκ εγηγερται εν γεννητοις γυναικων μειζων
ιωννου του βαπ7ισ7ου· ο δε μικροτερος εν τη βασιλεια των ο̅υ̅ν̅ω̅ν̅
μειζων αυτου εσ7ιν· 12 απο δε των ημερων ιωαννου του βαπ7ισ7ου
εως αρτι η βασιλεια των ο̅υ̅ν̅ω̅ν̅ βιαζεται και βιασ7αι αρπαζουσιν

αυτην ¹³παντες γαρ οι προφηται και ο νομος εως ιωαννου προε-
φητευσαν·

¹⁴Και ει θελετε δεξασθαι αυτος εσλιν ηλιας ο μελλων ερχ[fol. 20]
εσθαι· ¹⁵ο εχων ωτα ακουειν ακουετω·

¹⁶Τινι δε ομοιωσω την γενεαν ταυτην· ομοια εσλιν παιδιοις κα-
θημενοις εν αγοραις και προσφωνουσιν τοις εταιροις αυτων ¹⁷και
λεγουσιν ηυλησαμεν υμιν και ουκ ωρχησασθε· εθρηνησαμεν υμιν
και ουκ εκοψασθε· ¹⁸ηλθεν γαρ ιωαννης ο βαπλισλης μητε αισθιων
μητε πεινων και λεγουσιν δαιμονιον εχει· ¹⁹ηλθεν ο υς του ανου
αισθιων και πεινων και λεγουσιν ιδου ανος φαγος και οινοποτης
τελωνων φιλος και αμαρτωλων· και εδικαιωθη η σοφια απο των
τεκνων αυτης·

²⁰Τοτε ηρξατο ονιδιζειν τας πολεις εν αις εγενοντο αι πλεισλαι
δυναμεις αυτου οτι ου μετενοησαν· ²¹ουαι σοι χοραζειν ουαι σοι
βηθσαιδαν οτι ει εν τυρω και σιδωνι εγενοντο αι δυναμεις αι γενο-
μεναι εν υμιν παλαι αν εν σακκω και σποδω μετενοησαν· ²²πλην
λεγω υμιν τυρω και σιδωνι ανεκτοτερον εσλαι εν ημερα κρισεως η
υμιν· ²³και συ καπερναουμ μη εως του ουνου υψωθηση εως αδου
καταβιβασθηση·

Οτι ει εν σοδομοις εγενοντο αι δυναμεις αι· γενομεναι εν σοι
εμειναν αν μεχρι της σημερον· [fol. 21] ²⁴πλην λεγω υμιν οτι γη
σοδομων ανεκτοτερον εσλαι εν ημερα κρισεως η σοι·

²⁵Εν εκεινω τω καιρω αποκριθεις ο ις ειπεν· εξομολογουμαι σοι
περ κε του ουνου και της γης οτι απεκρυψας ταυτα απο σοφων και
συνετων και απεκαλυψας αυτα νηπιοις· ²⁶ναι ο πηρ οτι ουτως εγε-
νετο ευδοκια εμπροσθεν σου·

²⁷Παντα μοι παρεδοθη υπο του προς μου·

Και ουδεις επιγινωσκει τον υν ει μη ο πηρ ουδε τον πρα τις επι-
γινωσκει ει μη ο υς και ω εαν βουληται ο υς αποκαλυψαι·

²⁸Δευτε προς με παντες οι κοπιωντες και πεφορτισμενοι καγω
αναπαυσω υμας· ²⁹αρατε τον ζυγον μου εφ υμας και μαθετε απ
εμου οτι πραος ειμι και ταπεινος τη καρδια και ευρησετε αναπαυσιν
ταις ψυχαις υμων· ³⁰ο γαρ ζυγος μου χρησλος και το φορτιον μου
ελαφρον εσλιν·

[XII.] Εν εκεινω τω καιρω επορευθη ο ις τοις σαββασιν δια των

σποριμων οι δε μαθηται αυτου επιασαν και ηρξαντο τιλλειν σʹα-
χυαϛ και αισθιειν· ²οι δε Φαρισαιοι ιδοντες ειπον αυτω ιδου οι
μαθηται σου ποιουσιν ο ουκ εξεσʹιν ποιειν εν σαϐϐατω· [fol. 22]
³ο δε ειπεν αυτοις· ουκ ανεγνωτε τι εποιησεν δ̅α̅δ̅ οτε επιασεν αυ-
τος και οι μετ αυτου ⁴πως εισηλθεν εις τον οικον του θ̅υ̅ και τους
αρτους της προθεσεως εφαγεν ους ουκ εξον ην αυτω φαγειν ουδε
τοις μετ αυτου ει μη τοις ιερευσιν μονοις· ⁵η ουκ ανεγνωτε εν τω
νομω οτι τοις σαϐϐασιν οι ιερεις εν τω ιερω το σαϐϐατον βεϐηλου-
σιν και αναιτιοι εισιν·

⁶Λεγω δε υμιν οτι του ιερου μειζων εσʹιν ωδε· ⁷ει δε εγνωκειτε
τι εσʹιν ελεον θελω και ου θυσιαν ουκ αν κατεδικασατε τους αναι-
τιους· ⁸κ̅ς̅ γαρ εσʹιν ο υ̅ς̅ του α̅ν̅ο̅υ̅ και του σαϐϐατου·

⁹Και μεταϐαϛ εκειθεν ηλθεν εις την συναγωγην αυτων· ¹⁰και
ιδου ην α̅ν̅ο̅ς̅ εκει την χειρα εχων ξηραν· και επηρωτησαν αυτον λε-
γοντες ει εξεσʹιν τοις σαϐϐασιν θεραπευειν ινα κατηγορησωσιν
αυτου·

¹¹Ο δε ειπεν αυτοις· τις εσʹαι εξ υμων α̅ν̅ο̅ς̅ ος εξει προϐατον εν
και εαν εμπεση τουτο τοις σαϐϐασιν εις βοθυνον ουχι κρατησει αυτο
και εγερει· ¹²ποσω ουν διαφερει α̅ν̅ο̅ς̅ προϐατου ωσʹε εξεσʹιν τοις
σαϐϐασιν καλως ποιειν·

¹³Τοτε λεγει τω α̅ν̅ω̅ εκτινον [fol. 23] την χειρα σου· και εξε-
τινεν και απεκατεστη υγιης ως η αλλη·

¹⁴Οι δε Φαρισαιοι συμϐουλιον ελαβον κατ αυτου εξελθοντες οπως
αυτον απολεσωσιν·

¹⁵Ο δε ι̅ς̅ γνους ανεχωρησεν εκειθεν και ηκολουθησαν αυτω οχλοι
πολλοι και εθεραπευσεν αυτους παντας· ¹⁶και επετιμησεν αυτοις
ινα μη φανερον αυτον ποιησωσιν ¹⁷οπως πληρωθη το ρηθεν δια
ησαιου του προφητου λεγοντος· ¹⁸ιδου ο παις μου ον ηρετισα ο
αγαπητος εις ον ευδοκησεν η ψυχη μου· θησω το π̅ν̅α̅ μου επ αυ-
τον και κρισιν τοις εθνεσιν απαγγελει· ¹⁹ουκ ερισει ουδε κραυγα-
σει ουδε ακουσει τις εν ταις πλατειαις την φωνην αυτου· ²⁰καλα-
μον συντετριμμενον ου κατεαξει και λινον τυφομενον ου σϐεσει
εως αν εκϐαλη εις νικος την κρισιν ²¹και τω ονοματι αυτου εθνη
ελπιουσιν·

³αυτος] in margine additum eadem manu.

²²Τοτε προσηνεχθη αυτω δαιμονιζομενος τυφλος και κοφος και εθεραπευσεν αυτον ωσ7ε τον τυφλον και κωφον και λαλειν και βλεπειν·

²³Και εξισ7αντο παντες οι οχλοι και ελεγον· μητι ουτος εσ7ιν ο ΰς δαδ· ²⁴οι δε φαρισαιοι ακουσαντες ειπον· ουτος ουκ εκβαλλει τα δαιμονια ει μη εν τω [fol. 24] βεελζεβουλ αρχοντι των δαιμονιων·

²⁵Ειδως δε ο ΐς τας ενθυμησεις αυτων ειπεν αυτοις· πασα βασιλεια μερισθεισα καθ εαυτης ερημουται και πασα πολις η οικια μερισθεισα καθ εαυτης ου σ7αθησεται· ²⁶και ει ο σατανας τον σαταναν εκβαλλει εφ εαυτον εμερισθη· πως ουν σ7αθησεται η βασιλεια αυτου· ²⁷και ει εγω εν βεελζεβουλ εκβαλλω τα δαιμονια οι ϋι υμων εν τινι εκβαλλουσιν· δια τουτο αυτοι υμων εσονται κριται· ²⁸ει δε εν πνι θυ εγω εκβαλλω τα δαιμονια αρα εφθασεν εφ υμας η βασιλεια του θυ· ²⁹η πως δυναται τις εισελθειν εις την οικιαν του ισχυρου και τα σκευη αυτου διαρπασαι εαν μη πρωτον δηση τον ισχυρον και τοτε την οικιαν αυτου διαρπασει·

³⁰Ο μη ων μετ εμου κατ εμου εσ7ιν και ο μη συναγων μετ εμου σκορπιζει· ³¹δια τουτο λεγω υμιν πασα αμαρτια και βλασφημια αφεθησεται τοις ανοις η δε του πνος βλασφημια ουκ αφεθησεται 7οις ανοις· ³²και ος αν ειπη λογον κατα του ϋυ του ανου αφεθησεται αυτω· ος δ αν ειπη κατα του πνος του [fol. 25] αγιου ουκ αφεθησεται αυτω ουτε εν τουτω τω αιωνι ουτε εν τω μελλοντι·

³³Η ποιησατε το δενδρον καλον και τον καρπον αυτου καλον η ποιησατε το δενδρον σαπρον και τον καρπον αυτου σαπρον· εκ γαρ του καρπου το δενδρον γινωσκεται·

³⁴Γεννηματα εχιδνων πως δυνασθε αγαθα λαλειν πονηροι οντες· εκ γαρ του περισσευματος της καρδιας το σ7ομα λαλει·

³⁵Ο αγαθος ανος εκ του αγαθου θησαυρου εκβαλλει τα αγαθα και ο πονηρος ανος εκ του πονηρου θησαυρου εκβαλλει πονηρα·

³⁶Λεγω δε υμιν οτι παν ρημα αργον ο εαν λαλησωσιν οι ανοι αποδωσωσιν περι αυτου λογον εν ημερα κρισεως· ³⁷εκ γαρ των λογων σου δικαιωθητη και εκ των λογων σου καταδικασθηση·

³⁸Τοτε απεκριθησαν τινες των γραμματεων και φαρισαιων λεγοντες· διδασκαλε θελομεν απο σου σημειον ιδειν·

³⁹Ο δε αποκριθεις ειπεν αυτοις· γενεα πονηρα και μοιχαλις ση-

μειον επιζητει και σημειον ου δοθησεται αυτη ει μη το σημειον ιωνα
του προφητου· ⁴⁰ωσπερ γαρ ην ιωνας εν τη κοιλια του κητους
[fol. 26] τρις ημερας και τρις νυκτας ουτως εσ⌈αι ο υ̅ς̅ του α̅ν̅ο̅υ̅ εν
τη καρδια της γης τρις ημερας και τρις νυκτας· ⁴¹ανδρες νινευιται
ανασ⌉ησονται εν τη κρισει μετα της γενεας ταυτης και κατακρινουσιν
αυτην οτι μετηνοησαν εις το κηρυγμα ιωνα και ιδου πλειον ιωνα
ωδε· ⁴²βασιλισσα νοτου εγερθησεται εν τη κρισει μετα της γενεας
ταυτης και κατακρινει αυτην οτι ηλθεν εκ των περατων της γης
ακουσαι την σοφιαν σολομωντος και ιδου πλειον σολομωντος ωδε·
⁴³οταν δε το ακαθαρτον π̅ν̅α̅ εξελθη εκ του α̅ν̅ο̅υ̅ διερχεται 'δι ανυ-
δρων τοπων ζητουν αναπαυσιν και ουχ ευρισκει· ⁴⁴τοτε λεγει·
επισ⌉ρεψω εις τον οικον μου οθεν εξηλθον· και ελθων ευρισκει σχο-
λαζοντα και σεσαρωμενον και κεκοσμημενον· ⁴⁵τοτε πορευεται
και παραλαμβανει μεθ εαυτου επ⌉α ετερα πνευματα πονηροτερα
εαυτου και εισελθοντα κατοικει εκει και γινεται τα εσχατα του α̅ν̅ο̅υ̅
εκεινου χειρονα των πρωτων· ουτως εσ⌉αι και τη γενεα ταυτη τη
πονηρα·

⁴⁶Ετι δε αυτου λαλουντος τοις [fol. 27] οχλοις ιδου η μ̅η̅ρ̅ και οι
αδελφοι αυτου ισ⌉ηκισαν εξω ζητουντες λαλησαι αυτω· ⁴⁷ειπεν δε
τις αυτω· ιδου η μ̅η̅ρ̅ σου και οι αδελφοι σου εξω εσ⌉ηκασιν ζη-
τουντες σοι λαλησαι·

⁴⁸Ο δε αποκριθεις ειπεν τω ειποντι αυτω· τις εσ⌉ιν η μ̅η̅ρ̅ μου
και τινες εισιν οι αδελφοι μου· ⁴⁹και εκτινας την χειρα αυτου επι
τους μαθητας αυτου ειπεν· ιδου η μ̅η̅ρ̅ μου και οι αδελφοι μου
⁵⁰οσ⌉ις γαρ αν ποιηση το θελημα του π̅ρ̅ο̅ς̅ μου του εν ο̅υ̅ν̅ο̅ι̅ς̅
αυτος μου αδελφος και αδελφη και μ̅η̅ρ̅ εσ⌉ιν·

[XIII.] Εν δε τη ημερα εκεινη εξελθων ο ι̅ς̅ απο της οικιας
εκαθητο παρα την θαλασσαν· ²και συνηχθησαν προς αυτον οχλοι
πολλοι ωσ⌉ε αυτον εις το πλοιον εμβαντα καθησ⌉αι και πας ο οχ-
λος επι τον αιγιαλον ισ⌉ηκει· ³και ελαλησεν αυτοις πολλα εν
παραβολαις λεγων· ιδου εξηλθεν ο σπιρων του σπιραι ⁴και εν
τω σπιρειν αυτον α μεν επεσεν παρα την οδον και ηλθεν τα πετινα
του ο̅υ̅ν̅ο̅υ̅ και κατεφαγεν αυτα· ⁵αλλα δε επεσεν επι τα πετρωδη

---

⁴¹ μετηνοησαν] sic.

οπου ουκ ειχεν γην πολλην και ευθεως εξανετιλεν δια το μη εχειν
[fol. 28] βαθος γης· ⁶ηλιου δε ανατιλαντος εκαυματισθη και δια το
μη εχειν ριζαν εξηρανθη· ⁷αλλα δε επεσεν επι τας ακανθας και ανε-
βησαν αι ακανθαι και επνιξαν αυτα· ⁸αλλα δε επι την γην την καλην
και εδιδου καρπον ο μεν εκατον ο δε εξηκοντα ο δε τριακοντα· ⁹ο
εχων ωτα ακουειν ακουετω·

¹⁰Και προσελθοντες οι μαθηται ειπον αυτω· διατι εν παραβολαις
λαλεις αυτοις· ¹¹ο δε αποκριθεις ειπεν αυτοις οτι υμιν δεδοται
γνωναι τα μυστηρια της βασιλειας των ουνων εκεινοις δε ου δε-
δοται·

¹²Οστις γαρ εχει δοθησεται αυτω και περισσευθησεται· οστις
δε ουκ εχει και ο εχει αρθησεται απ αυτου·

¹³Δια τουτο εν παραβολαις αυτοις λαλω οτι βλεποντες ου βλε-
πουσιν και ακουοντες ουκ ακουουσιν ουδε συνιουσιν·

¹⁴Και αναπληρουται επ αυτοις η προφητεια ησαιου η λεγουσα·
ακοη ακουσετε και ου μη συνητε και βλεποντες βλεψητε και ου
μη ιδητε· ¹⁵επαχυνθη γαρ η καρδια του λαου τουτου τοις ωσιν
αυτων βαρεως ηκουσαν και τους οφθαλμους αυτων εκαμμυσαν·
[fol. 29] μηποτε ιδωσιν τοις οφθαλμοις και τοις ωσιν ακουσωσιν
και τη καρδια συνωσιν και επιστρεψωσιν και ιασωμαι αυτους·

¹⁶Υμων δε μακαριοι οι οφθαλμοι οτι βλεπουσιν και τα ωτα υμων
οτι ακουει·

¹⁷Αμην λεγω υμιν οτι πολλοι προφηται και δικαιοι επεθυμη-
σαν ιδειν α βλεπετε και ουκ ειδον και ακουσαι α ακουετε και ουκ
ηκουσαν·

¹⁸Υμεις ουν ακουσατε την παραβολην του σπιραντος· ¹⁹παντος
ακουοντος τον λογον της βασιλειας και μη συνιεντος ερχεται ο
πονηρος και αρπαζει το εσπαρμενον εν τη καρδια αυτου· ουτος
εστιν ο παρα την οδον σπαρεις· ²⁰ο δε επι τα πετρωδη σπα-
ρεις ουτος εστιν ο τον λογον ακουων και ευθυς μετα χαρας λαμ-
βανων αυτον ²¹ουκ εχει δε ριζαν εν εαυτω αλλα προσκαιρος εστιν·
γενομενης δε θλιψεως η διωγμου δια τον λογον ευθυς σκανδαλι-
ζεται· ²²ο δε εις τας ακανθας σπαρεις ουτος εστιν ο τον λογον
ακουων και η μεριμνα του αιωνος τουτου και η απατη του πλουτου
συμπνιγει τον λογον και ακαρπος γινεται· ²³ο δε επι την γην
[fol. 30] την καλην σπαρεις ουτος εστιν ο τον λογον ακουων και

συνιεις ος δη καρποφορει και ποιει ο μεν εκατον ο δε εξηκοντα ο
δε τριακοντα ·

²⁴Αλλην παραβολην παρεθηκεν αυτοις λεγων · ωμοιωθη η βα-
σιλεια των ο̅υ̅ν̅ω̅ν̅ α̅ν̅ω̅ σπιροντι καλον σπερμα εν τω αγρω αυτου ·

²⁵Εν δε τω καθευδειν τους α̅ν̅ο̅υ̅ς̅ ηλθεν αυτου ο εχθρος και
εσπιρεν ζιζανια ανα μεσον του σιτου και απηλθεν · ²⁶οτε δε εβλα-
σ(τ)ησεν ο χορτος και καρπον εποιησεν τοτε εφανη τα ζιζανια ·
²⁷προσελθοντες δε οι δουλοι του οικοδεσποτου ειπον αυτω · κ̅ε̅ ουχι
καλον σπερμα εσπιρας εν τω σω αγρω ποθεν ουν εχει τα ζιζανια
²⁸ο δε εφη αυτοις εχθρος α̅ν̅ο̅ς̅ τουτο εποιησεν · οι δε δουλοι ειπον
αυτω θελεις ουν απελθοντες συλλεξωμεν αυτα · ²⁹ο δε εφη ου
μηποτε συλλεγοντες τα ζιζανια εκριζωσητε αμα αυτοις τον σιτον ·
³⁰αφετε συναυξανεσθαι αμφοτερα μεχρις του θερισμου και εν
καιρω του θερισμου ερω τοις θερισ(τ)αις · συλλεξατε πρωτον τα
ζιζανια [fol. 3₁] και δησατε αυτα δεσμας προς το κατακαυσαι
αυτα τον δε σειτον συναγαγετε εις την αποθηκην μου ·

³¹Αλλην παραβολην παρεθηκεν αυτοις λεγων · ομοια εσ(τ)ιν η
βασιλεια των ο̅υ̅ν̅ω̅ν̅ κοκκω σιναπεως ον λαβων α̅ν̅ο̅ς̅ εσπιρεν εν τω
αγρω αυτου ³²ο μικροτερον μεν εσ(τ)ιν παντων των σπερματων
οταν δε αυξηθη μειζον των λαχανων εσ(τ)ιν και γινεται δενδρον ωσ(τ)ε
ελθειν τα πετινα του ο̅υ̅ν̅ο̅υ̅ και κατασκηνουν εν τοις κλαδοις αυτου ·

³³Αλλην παραβολην ελαλησεν αυτοις · ομοια εσ(τ)ιν η βασιλεια
των ο̅υ̅ν̅ω̅ν̅ ζυμη ην λαβουσα γυνη ενεκρυψεν εις αλευρου σατα τρια
εως ου εζυμωθη ολον ·

³⁴Ταυτα παντα ελαλησεν ο ι̅ς̅ εν παραβολαις τοις οχλοις και
χωρις παραβολης ουκ ελαλει αυτοις ³⁵οπως πληρωθη το ρηθεν δια
του προφητου λεγοντος · ανοιξω εν παραβολαις το σ(τ)ομα μου ερευ-
ξομαι κεκρυμμενα απο καταβολης κοσμου ·

³⁶Τοτε αφεις τους οχλους ηλθεν εις την οικιαν ο ι̅ς̅ και προσ-
ηλθον αυτω οι μαθηται αυτου λεγοντες · φρασον ημιν την πα-
[fol. 3₂]ραβολην των ζιζανιων του αγρου · ³⁷ο δε αποκριθεις ειπεν
αυτοις · ο σπιρων το καλον σπερμα εσ(τ)ιν ο υ̅ς̅ του α̅ν̅ο̅υ̅ ³⁸ο δε
αγρος εσ(τ)ιν ο κοσμος το δε καλον σπερμα ουτοι εισιν οι υιοι της
βασιλειας τα δε ζιζανια εισιν οι υιοι του πονηρου · ³⁹ο δε εχθρος ο
σπιρας αυτα εσ(τ)ιν ο διαβολος ο δε θερισμος συντελια του αιωνος
εσ(τ)ιν οι δε θερισ(τ)αι αγγελοι εισιν ·

⁴⁰Ωσπερ ουν συλλεγεται τα ζιζανια και πυρι καιεται ουτω
εσται εν τη συντελια του αιωνος τουτου· ⁴¹αποσ̅ελει ο υ̅ς του α̅ν̅ο̅υ̅
τους αγγελους αυτου και συλλεξωσιν εκ της βασιλειας αυτου παντα
τα σκανδαλα και τους ποιουντας την ανομιαν ⁴²και βαλουσιν αυ-
τους εις την καμινον του πυρος· εκει εσται ο κλαυθμος και ο βρυ-
γμος των οδοντων·

⁴³Τοτε οι δικαιοι εκλαμψωσιν ως ο ηλιος εν τη βασιλεια του
π̅ρ̅ο̅ς̅ αυτων· ο εχων ωτα ακουειν ακουετω·

⁴⁴Παλιν ομοια εσ̅ιν η βασιλεια των ο̅υ̅ν̅ω̅ν̅ θησαυρω κεκρυμ-
μενω εν τω αγρω ον ευρων α̅ν̅ο̅ς̅ εκρυψεν και απο της χαρας αυτου
υπαγει και παντα οσα [fol. 33] εχει πωλει και αγοραζει τον
αγρον εκεινον· ⁴⁵παλιν ομοια εσ̅ιν η βασιλεια των ο̅υ̅ν̅ω̅ν̅ α̅ν̅ω̅
εμπορω ζητουντι καλους μαργαριτας ⁴⁶ος ευρων ενα πολυτιμον
μαργαριτην απελθων πεπρακεν παντα οσα ειχεν και ηγορασεν
αυτον·

⁴⁷Παλιν ομοια εσ̅ιν η βασιλεια των ο̅υ̅ν̅ω̅ν̅ σαγηνη βληθειση εις
την θαλασσαν και εκ παντος γενους συναγαγουση ⁴⁸ην οτε επλη-
ρωθη αναβιβασαντες αυτην επι τον αιγιαλον και καθισαντες συνε-
λεξαν τα καλα εις αγγια τα δε σαπρα εξω εβαλον·

⁴⁹Ουτως εσται εν τη συντελια του αιωνος· εξελευσονται οι αγ-
γελοι και αφοριουσιν τους πονηρους εκ μεσου των δικαιων ⁵⁰και
βαλουσιν αυτους εις την καμινον του πυρος· εκει εσται ο κλαυ-
θμος και ο βρυγμος των οδοντων·

⁵¹Λεγει αυτοις ο ι̅ς̅ συνηκατε ταυτα παντα· λεγουσιν αυτω ναι
κ̅ε̅· ⁵²ο δε ειπεν αυτοις δια τουτο πας γραμματευς μαθητευθεις
εις την βασιλειαν των ο̅υ̅ν̅ω̅ν̅ ομοιος εσ̅ιν α̅ν̅ω̅ οικοδεσποτη οσ̅ις
εκβαλλει εκ του θησαυρου αυτου καινα και παλαια·

⁵³Και εγενετο οτε [fol. 34] ετελεσεν ο ι̅ς̅ τας παραβολας ταυ-
τας μετηρεν εκειθεν ⁵⁴και ελθων εις την πατριδα αυτου εδιδασκεν
αυτους εν τη συναγωγη αυτων ωσ̅ε εκπλητ̅εσθαι αυτους και λε-
γειν· ποθεν τουτω η σοφια αυτη και αι δυναμεις· ⁵⁵ουχ αυτος
εσ̅ιν ο του τεκτονος υ̅ς̅· ουχι η μ̅η̅ρ̅ αυτου λεγεται μαριαμ και οι
αδελφοι αυτου ιακωβος και ιωσης και σιμων και ιουδας ⁵⁶και αι
αδελφαι αυτου ουχι πασαι προς ημας εισιν· ποθεν ουν τουτω
ταυτα παντα· ⁵⁷και εσκανδαλιζοντο εν αυτω·

Ο δε ι̅ς̅ ειπεν αυτοις· ουκ εσ̅ιν προφητης ατιμος ει μη εν τη

πατριδι αυτου και εν τη οικια αυτου· ⁵⁸και ουκ εποιησεν εκει δυ-
ναμεις πολλας δια την απισιαν αυτων·

· [XIV.] Εν εκεινω τω καιρω ηκουσεν ηρωδης ο τετραρχης την
ακοην ιυ ²και ειπεν τοις παισιν αυτου· μητι ουτος εσιν ιωαννης
ο βαπισιης ον εγω απεκεφαλισα αυτος ηγερθη απο των νεκρων
και·δια τουτο αι δυναμεις ενεργουσιν εν αυτω· ⁰⁹

³Ο γαρ ηρωδης κρατησας τον ιωαννην εδησεν αυτον και εθετο
εν τη [fol. 35] φυλακη δια ηρωδιαδα την γυναικα φιλιππου του
αδελφου αυτου· ⁴ελεγεν γαρ αυτω ο ιωαννης ουκ εξεσιν σοι
εχειν αυτην· ⁵και θελων αυτον αποκτιναι εφοβηθη τον οχλον οτι
ως προφητην αυτον ειχον·

· ⁶Γενεσιων δε αγομενων του ηρωδου ωρχησατο η θυγατηρ της
ηρωδιαδος εν τω μεσω και ηρεσεν τω ηρωδη ⁷οθεν μεθ ορκου
ομολογησεν αυτη δουναι ο εαν αιτησηται· ⁸η δε προβιβασθεισα
υπο·της μρος αυτης δος μοι φησιν ωδε επι πινακι την κεφαλην
ιωαννου του βαπισιου· ⁹και ελυπηθη ο βασιλευς δια δε τους ορ-
κους και τους συνανακειμενους εκελευσεν δοθηναι ¹⁰και πεμψας
απεκεφαλισεν τον ιωαννην εν τη φυλακη ¹¹και ηνεχθη η κεφαλη
αυτου επι πινακι και εδοθη τω κορασιω και ηνεγκεν τη μρι αυτης·
¹²και προσελθοντες οι μαθηται αυτου ηραν το σωμα και εθαψαν
αυτο και ελθοντες απηγγιλαν τω ιυ·

¹³Ακουσας δε ο ις ανεχωρησεν εκειθεν εν πλοιω εις ερημον το-
πον κατ ιδιαν· και ακουσαντες οι οχλοι ηκολουθησαν αυτω [fol. 36]
πεζη απο των πολεων·

¹⁴Και εξελθων ο ις ιδεν πολυν οχλον και εσπλαγχνισθη επ αυ-
τους και εθεραπευσεν τους αρρωσιους αυτων·

¹⁵Οψιας δε γενομενης προσηλθον αυτω οι μαθηται αυτου λε-
γοντες· ερημος εσιν ο τοπος και η ωρα ηδη παρηλθεν· απολυσον
τους οχλους ινα απελθοντες εις τας κωμας αγορασωσιν εαυτοις βρω-
ματα· ¹⁶ο δε ις ειπεν αυτοις ου χριαν εχουσιν απελθειν δοτε
αυτοις υμεις φαγειν· ¹⁷οι δε λεγουσιν αυτω ουκ εχομεν ωδε ει μη
πεντε αρτους και δυο ιχθυας· ¹⁸ο δε ειπεν φερετε μοι αυτους ωδε·
¹⁹και κελευσας τους οχλους ανακλιθηναι επι του χορτου λαβων τους
πεντε αρτους και τους δυο ιχθυας αναβλεψας εις τον ουνον ευλο-
γησεν και κλασας εδωκεν τοις μαθηταις τους αρτους οι δε μαθηται

τοις οχλοις· [20]και εφαγον παντες και εχορτασθησαν και ηραν το
περισσευον των κλασματων δωδεκα κοφινους πληρεις· [21]οι δε αι-
σθιοντες ησαν ανδρες ωσει πεντακισχιλιοι χωρις γυναικων και
παιδιων· [fol. 37] [22]και ευθεως ηναγκασεν τους μαθητας εμβηναι
εις το πλοιον και προαγειν αυτον εις το περαν εως ου απολυση
τους οχλους·

[23]Και απολυσας τους οχλους ανεβη εις το ορος κατ ιδιαν προσ-
ευξασθαι σταδιους πολλους απεχον απο της γης·

Οψιας δε γενομενης μονος ην εκει [24]το δε πλοιον ηδη μεσον
της θαλασσης ην βασανιζομενον υπο των κυματων ην γαρ εναν-
τιος ο ανεμος αυτοις· [25]Τεταρτη δε φυλακη της νυκτος απηλθεν
προς αυτους ο ι̅ς̅ περιπατων επι την θαλασσαν· [26]ιδοντες δε αυτον
οι μαθηται επι την θαλασσαν περιπατουντα εταραχθησαν λε-
γοντες οτι φαντασμα εστιν και απο του φοβου εκραξαν· [27]ευθεως
δε ελαλησεν αυτοις ο ι̅ς̅ λεγων· θαρσιτε εγω ειμι μη φοβεισθε·

[28]Αποκριθεις δε αυτω ο πετρος ειπεν· κ̅ε̅ ει συ ει κελευσον με
ελθειν προς σε επι τα υδατα· [29]ο δε ειπεν ελθε· και καταβας απο
του πλοιου ο πετρος περιεπατησεν επι τα υδατα ελθειν προς τον
ι̅ν̅· [30]βλεπων δε τον ανεμον ισχυρον εφοβηθη και αρξαμενος
[fol. 38] καταπαντιζεσθαι εκραξεν λεγων· κ̅ε̅ σωσον με· [31]ευθεως
δε ο ι̅ς̅ εκτινας την χειρα επελαβετο αυτου και λεγει αυτω· ολιγο-
πισΤε εις τι εδισΤασας·

[32]Και εμβαντων αυτων εις το πλοιον εκοπασεν ο ανεμος [33]οι
δε εν τω πλοιω ελθοντες προσεκυνησαν αυτω λεγοντες· αληθως
θ̅υ̅ υ̅ς̅ ει· [34]και διαπερασαντες ηλθον επι την γην εις γεννησαρεθ·

[35]Και επιγνοντες αυτον οι ανδρες του τοπου εκεινου απεσΤιλαν
εις ολην την περιχωρον εκεινην και προσηνεγκαν αυτω παντας
τους κακως εχοντας [36]και παρεκαλουν αυτον ινα καν μονον αψωνται
του κρασπεδου του ιματιου αυτου· και οσοι ηψαντο διεσωθησαν·

[XV.] Τοτε προσερχονται τω ι̅υ̅ οι απο ιεροσολυμων γραμμα-
τεις και φαρισαιοι λεγοντες· [2]διατι οι μαθηται σου παραβαινουσιν
την παραδοσιν των πρεσβυτερων· ου γαρ νιπτονται τας χειρας
αυτων οταν αρτον αισθιωσιν·

[3]Ο δε αποκριθεις ειπεν αυτοις· διατι και υμεις παραβαινετε την
εντολην του θ̅υ̅ δια την παραδοσιν υμων· [4]ο γαρ θ̅ς̅ ενε-[fol. 39]

τιλατο λεγων· τιμα τον π̅ρ̅α̅ σου και την μ̅ρ̅α̅ και ο κακολογων
π̅ρ̅α̅ η μ̅ρ̅α̅ θανατω τελευτατω· ⁵υμεις δε λεγετε ος εαν ειπη τω
π̅ρ̅ι̅ η τη μ̅ρ̅ι̅ κορβαν ο εσ7ιν δωρον ο εαν εξ εμου ωφεληθης και
ου μη τιμηση τον π̅ρ̅α̅ αυτου και την μ̅ρ̅α̅ αυτου· ⁶και ηκυρωσατε
την εντολην του θ̅υ̅ δια την παραδοσιν υμων· ⁷υποκριται καλως
προεφητευσεν περι υμων ησαιας λεγων· ⁸εγγιζει μοι ο λαος ουτος
τω σ7οματι αυτων και τοις χειλεσιν με τιμα η δε καρδια αυτων
πορρω απεχει απ εμου ⁹ματην δε σεβονται με διδασκοντες διδασ-
καλιας ενταλματα α̅ν̅ω̅ν̅·

¹⁰Και προσκαλεσαμενος τον οχλον ειπεν αυτοις· ακουετε και
συνιετε· ¹¹ου το εισερχομενον εις το σ7ομα κοινοι τον α̅ν̅ο̅ν̅ αλλα
το εκπορευομενον εκ του σ7οματος τουτο κοινοι τον α̅ν̅ο̅ν̅·

¹²Τοτε προσελθοντες οι μαθηται αυτου ειπον αυτω· οιδας οτι οι
φαρισαιοι ακουσαντες τον λογον εσκανδαλισθησαν·

¹³Ο δε αποκριθεις ειπεν πασα φυτια ην ουκ εφυτευσεν ο π̅η̅ρ̅
μου ο ου̅ν̅ι̅ο̅ς̅ [fol. 40] εκριζωθησεται·

¹⁴Αφετε αυτους· οδηγοι εισιν τυφλων τυφλων· τυφλος δε τυφλου
εαν οδηγη αμφοτεροι εις βοθυνον εμπεσουνται·

¹⁵Αποκριθεις δε ο πετρος ειπεν αυτω· φρασον ημιν την παρα-
βολην ταυτην· ¹⁶ο δε ι̅ς̅ ειπεν ακμην και υμεις ασυνετοι εσ7ε·
¹⁷ουπω νοιτε οτι παν το εισπορευομενον εις το σ7ομα εις την κοι-
λιαν χωρει και εις αφεδρωνα εκβαλλεται· ¹⁸τα δε εκπορευομενα
εκ του σ7οματος εκ της καρδιας εξερχεται κακεινα κοινοι τον α̅ν̅ο̅ν̅·
¹⁹εκ γαρ της καρδιας εξερχονται διαλογισμοι πονηροι φονοι μοι-
χειαι πορνειαι κλοπαι ψευδομαρτυριαι βλασφημιαι· ²⁰ταυτα εσ7ιν
τα κοινουντα τον α̅ν̅ο̅ν̅ το δε ανιπ7οις χερσιν φαγειν ου κοινοι τον
α̅ν̅ο̅ν̅·

²¹Και εξελθων εκειθεν ο ι̅ς̅ ανεχωρησεν εις τα μερη τυρου και
σιδωνος· ²²και ιδου γυνη χαναναια απο των οριων εκεινων εξελ-
θουσα εκραυγασεν αυτω λεγουσα· ελεησον με κ̅ε̅ υ̅ε̅ δ̅α̅δ̅ η θυγα-
τηρ μου κακως δαιμονιζεται· ²³ο δε ουκ απεκριθη [fol. 41] αυτη
λογον· και προσελθοντες οι μαθηται ηρωτων αυτον λεγοντες απο-
λυσον αυτην οτι κραζει οπισθεν ημων·

²⁴Ο δε αποκριθεις ειπεν· ουκ απεσ7αλην ει μη εις τα προβατα
τα απολωλοτα οικου ι̅η̅λ̅·

²⁵Η δε ελθουσα προσεκυνησεν αυτω λεγουσα κ̅ε̅ βοηθει μοι·

²⁶Ο δε αποκριθεις ειπεν· ουκ εσλιν καλον λαβειν τον αρτον των τεκνων και βαλειν τοις κυναριοις· ²⁷ η δε ειπεν ναι κε και γαρ τα κυναρια αισθιει απο των ψιχιων των πιπλοντων απο της τραπεζης των κυριων αυτων·

²⁸Τοτε αποκριθεις ο ι̅ς̅ ειπεν αυτη· ω γυναι μεγαλη σου η πισλις γενηθητω σοι ως θελεις· και ιαθη η θυγατηρ αυτης απο της ωρας εκεινης·

²⁹Και μεταβας εκειθεν ο ι̅ς̅ ηλθεν παρα την θαλασσαν της γαλιλαιας και αναβας εις το ορος εκαθητο εκει· ³⁰και προσηλθον αυτω οχλοι πολλοι εχοντες μεθ εαυτων χωλους τυφλους κωφους κυλλους και ετερους πολλους και ερριψαν αυτους παρα τους ποδας του ι̅υ̅ και εθεραπευσεν αυτους· ³¹ωσλε τον οχλον θαυμασαι βλε-[fol. 42] ποντας κωφους ακουοντας κυλλους υγιεις χωλους περιπατουντας και τυφλους βλεποντας και εδοξασαν τον θ̅ν̅ ιηλ·

³²Ο δε ι̅ς̅ προσκαλεσαμενος τους μαθητας αυτου ειπεν· σπλαγχνιζομαι επι τον οχλον οτι ηδη ημεραι τρις προσμενουσιν μοι και ουκ εχουσιν τι φαγωσιν και απολυσαι αυτους νησλεις ου θελω μηποτε εκλυθωσιν εν τη οδω· ³³και λεγουσιν αυτω οι μαθηται αυτου· ποθεν ημιν εν ερημια αρτοι τοσουτοι ωσλε χορτασαι οχλον τοσουτον· ³⁴και λεγει αυτοις ο ι̅ς̅ ποσους αρτους εχετε· οι δε ειπον επλα και ολιγα ιχθυδια·

³⁵Και εκελευσεν τοις οχλοις αναπεσειν επι την γην ³⁶και λαβων τους επλα αρτους και τους ιχθυας ευχαρισλησας εκλασεν και εδωκεν τοις μαθηταις αυτου οι δε μαθηται τω οχλω· ³⁷και εφαγον παντες και εχορτασθησαν και ηραν το περισσευον των κλασματων επλα σπυριδας πληρεις· ³⁸οι δε αισθιοντες ησαν τετρακισχιλιοι ανδρες χωρις [fol. 43] γυναικων και παιδιων·

³⁹Και απολυσας τους οχλους ενεβη εις το πλοιον και ηλθεν εις τα ορια μαγδαλα· [XVI.] και προσελθοντες οι φαρισαιοι και σαδδουκαιοι πειραζοντες επηρωτησαν αυτον σημειον εκ του ουνου επιδιξαι αυτοις·

²Ο δε αποκριθεις ειπεν αυτοις· οψιας γενομενης λεγετε ευδια πυρραζει γαρ ο ου̅νο̅ς̅· ³και πρωι σημερον χειμων πυρραζει γαρ σλυγναζων ο ου̅νο̅ς̅· υποκριται το μεν προσωπον του ου̅νου̅ γινωσ-

XVI. ³δε τα] sic · δε enim additum est a scriba in fine lineæ post τα.

κετε διακρινειν δε τα σημεια των καιρων ου δυνασθε [4]ο δε αποκρι-
θεις ειπεν αυτοις· γενεα πονηρα και μοιχαλις σημειον επιζητει και
σημειον ου δοθησεται αυτη ει μη το σημειον ιωνα του προφητου·
και καταλιπων αυτους απηλθεν· [5]και ελθοντες οι μαθηται αυτου εις
το περαν επελαθοντο αρτους λαβειν·

[6]Ο δε $\overline{ιs}$ ειπεν αυτοις· ορατε και προσεχετε απο της ζυμης των
φαρισαιων και σαδδουκαιων·

[7]Οι δε διελογιζοντο λεγοντες οτι αρτους ουκ ελαβομεν· [8]γνους
δε ο $\overline{ιs}$ [fol. 44] ειπεν αυτοις τι διαλογιζεσθε εν εαυτοις ολιγοπι-
σ]οι οτι αρτους ουκ ελαβετε· [9]ουπω νοιτε ουδε μνημονευετε τους
πεντε αρτους των πεντακισχιλιων και ποσους κοφινους ελαβετε·
[10]ουδε τους επ]α αρτους των τετρακισχιλιων και ποσας σπυριδας
ελαβετε· [11]πως ου νοιτε οτι ου περι αρτου ειπον υμιν προσεχειν
απο της ζυμης των φαρισαιων και σαδδουκαιων· [12]τοτε συνηκαν
οτι ουκ ειπεν προσεχειν απο της ζυμης του αρτου αλλα απο της
διδαχης των φαρισαιων και σαδδουκαιων·

[13]Ελθων δε ο $\overline{ιs}$ εις τα μερη καισαριας της φιλιππου ηρωτα
τους μαθητας αυτου λεγων· τινα με λεγουσιν οι $\overline{ανοι}$ ειναι τον $\overline{υν}$
του $\overline{ανου}$· [14]οι δε ειπον· οι μεν ιωαννην τον βαπ]ισ]ην αλλοι δε
ηλιαν ετεροι δε ιερεμιαν η ενα]ων προφητων· [15]λεγει αυτοις υμεις
δε τινα με λεγετε ειναι·

[16]Αποκριθεις δε σιμων πετρος ειπεν· συ ει ο $\overline{χs}$ ο $\overline{υs}$ του $\overline{θυ}$
του ζωντος· [17]και αποκριθεις $\overline{ιs}$ ειπεν αυτω· μακαριος ει σιμων
βαρ ιωνα οτι σαρξ και αιμα ουκ απεκαλυ[fol. 45]ψεν σοι αλλ ο
$\overline{πηρ}$ μου ο εν τοις $\overline{ουνοις}$· [18]καγω δε σοι λεγω οτι συ ει πετρος
και επι ταυτη τη πετρα οικοδομησω μου την εκκλησιαν και πυλαι
αδου ου κατισχυσουσιν αυτης· [19]και δωσω σοι τας κλεις της βασι-
λειας των $\overline{ουνων}$ και οσα εαν δησης επι της γης εσ]αι δεδεμενα εν
τοις $\overline{ουνοις}$ και οσα εαν λυσης επι της γης εσ]αι λελυμενα εν τοις
$\overline{ουνοις}$·

[20]Τοτε διεσ]ιλατο τοις μαθηταις αυτου ινα μηδενι ειπωσιν οτι
αυτος εσ]ιν ο $\overline{χs}$· [21]απο τοτε ηρξατο ο $\overline{ιs}$ δεικνυειν τοις μαθηταις
αυτου οτι δει αυτον απελθειν εις ιεροσολυμα και πολλα παθειν απο

---

[14]ιερεμιαν] desinit linea ultima columnae tertiae hujus folii in ιερε; adscri-
bitur autem illud μιαν a scriba paulo subtus lineam.

των πρεσβυτερων και αρχιερεων και γραμματεων του λαου και
αποκτανθηναι και τη τριτη ημερα εγερθηναι·

²²Και προσλαβομενος αυτον ο πετρος ηρξατο επιτιμαν αυτω
λεγων· ιλεως σοι κε ου μη εσ̄αι σοι τουτο· ²³ο δε σ̄ραφεις ειπεν
τω πετρω· υπαγε οπισω μου σατανα σκανδαλον μου ει ατι ου
φρονεις τα του θυ αλλα τα των ανων·

²⁴Τοτε ο ιs ειπεν [fol. 46] τοις μαθηταις αυτου· ει τις θελει
οπισω μου ελθειν απαρνησασθω εαυτον και αρατω τον σ̄αυρον αυ-
του και ακολουθειτω μοι· ²⁵ος γαρ αν θελη την ψυχην αυτου
σωσαι απολεσει αυτην ος δ αν απολεση την ψυχην αυτου ενεκεν
εμου ευρησει αυτην·

²⁶Τι γαρ ωφελησ̄η ανοs εαν τον κοσμον ολον κερδηση την δε
ψυχην αυτου ζημιωθη· η τι δωσει ανοs ανταλλαγμα της ψυχης
αυτου·

²⁷Μελλει γαρ ο υs του ανου ερχεσθαι εν τη δοξη του προς αυτου
μετα των αγγελων αυτου και τοτε αποδωσει εκασ̄ω κατα την
πραξιν αυτου·

²⁸Αμην αμην λεγω υμιν εισιν τινες ωδε εσ̄ωτες οιτινες ου μη
γευσωνται θανατου εως αν ιδωσιν τον υν του ανου ερχομενον εν τη
βασιλεια αυτου·

[XVII.] Και εγενετο μεθ ημερας εξ παραλαμβανει ο ιs τον πε-
τρον και ιακωβον και ιωαννην τον αδελφον αυτου και αναφερει
αυτους εις ορος υψηλον κατ ιδιαν· ²και μετεμορφωθη εμπροσθεν
αυτων και ελαμψεν το [fol. 47] προσωπον αυτου ως ο ηλιος τα δε
ιματια αυτου εγενετο λευκα ως το φως· ³και ιδου ωφθησαν αυτοις
μωυσης και ηλιας μετ αυτου συνλαλουντες· ⁴αποκριθεις δε ο πετρος
ειπεν τω ιυ· κε καλον εσ̄ιν ημας ωδε ειναι· ει θελεις ποιησομεν
ωδε τρις σκηνας συ μιαν και μωυση μιαν και ηλια μιαν· ⁵ετι αυ-
του λαλουντος ιδου νεφελη φωτεινη επεσκιασεν αυτους και ιδου
φωνη εκ της νεφελης λεγουσα ουτος εσ̄ιν ο υs μου ο αγαπητος
εν ω ευδοκησα αυτου ακουετε· ⁶και ακουσαντες οι μαθηται επεσαν
επι προσωπον αυτων και εφοβηθησαν σφοδρα· ⁷και προσελθων ο
ιs ηψατο αυτων και ειπεν· εγερθητε και μη φοβισθε· ⁸επαραντες
δε τους οφθαλμους αυτων ουδενα ιδον ει μη τον ιν μονον·

⁹Και καταβαινοντων αυτων εκ του ορους ενετιλατο αυτοις ο ιs

λεγων· μηδενι ειπητε το οραμα εως ου ο υ͞ς του αν͞ου εκ νεκρων
αναστη·

¹⁰Και επηρωτησαν αυτον [fol. 48] οι μαθηται αυτου λεγοντες·
τι ουν οι γραμματεις λεγουσιν οτι ηλιαν δει ελθειν πρωτον·

¹¹Ο δε ι͞ς αποκριθεις ειπεν αυτοις· ηλιας μεν ερχεται πρωτον
και αποκαταστησει παντα· ¹²λεγω δε υμιν οτι ηλιας ηδη ηλθεν και
ουκ επεγνωσαν αυτον αλλ εποιησαν εν αυτω οσα ηθελησαν ουτως
και ο υ͞ς του αν͞ου μελλει πασχειν υπ αυτων· ¹³τοτε συνηκαν οι
μαθηται οτι περι ιωαννου του βαπτιστου ειπεν αυτοις·

¹⁴Και ελθοντων αυτων προς τον οχλον προσηλθεν αυτω αν͞ος
γονυπετων αυτον ¹⁵και λεγων· κ͞ε ελεησον μου τον υιον οτι σεληνια-
ζεται και κακως πασχει· πολλακις γαρ πιπτει εις το πυρ και
πολλακις εις το υδωρ ¹⁶και προσηνεγκα αυτον τοις μαθηταις σου
και ουκ ηδυνηθησαν αυτον θεραπευσαι·

¹⁷Αποκριθεις δε ο ι͞ς ειπεν· ω γενεα πονηρα και διεστραμμενη
εως ποτε εσομαι μεθ υμων· εως ποτε ανεξομαι υμων· φερετε μοι
αυτον ωδε· ¹⁸και επετιμησεν αυτω ο ι͞ς λεγων εξελθε [fol. 49] και
εξηλθεν απ αυτου το δαιμονιον και εθεραπευθη ο παις απο της ωρας
εκεινης·

¹⁹Τοτε προσελθοντες οι μαθηται τω ι͞υ κατ ιδιαν ειπον· διατι
ημεις ουκ ηδυνηθημεν εκβαλειν αυτο· ²⁰ο δε ι͞ς ειπεν αυτοις δια
την απιστιαν υμων·

Αμην γαρ λεγω υμιν εαν εχητε πιστιν ως κοκκον σιναπεως
ερειτε τω ορει τουτω μεταβηθι εντευθεν εκει και μεταβησεται και
ουδεν αδυνατησει υμιν· ²¹τουτο δε το γενος ουκ εκπορευεται ει μη
εν προσευχη και νηστια· ²²αναστρεφομενων δε αυτων εν τη γαλι-
λαια ειπεν αυτοις ο ι͞ς· μελλει ο υ͞ς του αν͞ου παραδιδοσθαι εις χει-
ρας αν͞ων ²³και αποκτενουσιν αυτον και τη τριτη ημερα εγερθησε-
ται· και ελυπηθησαν σφοδρα·

²⁴Ελθοντων δε αυτων εις καπερναουμ προσηλθον τω πετρω οι
τα διδραχμα λαμβανοντες και ειπον· ο διδασκαλος υμων ου τελει
τα διδραχμα· ²⁵λεγει ναι· και οτε εισηλθεν εις την οικιαν προ-
εφθασεν αυτον ο ι͞ς [fol. 50] λεγων· τι σοι δοκει σιμων οι βασι-
λεις της γης απο τινων λαμβανουσιν τελη η κηνσον απο των υιων
αυτων η απο των αλλοτριων· ²⁶λεγει αυτω ο πετρος απο των αλ-
λοτριων·

Εφη αυτω ο $\overline{ις}$· αραγε ελευθεροι εισιν οι υιοι· ^{27} ινα δε μη σκαν-
δαλισωμεν αυτους πορευθεις εις την θαλασσαν βαλε αγκισ]ρον και
τον αναβαιτα πρωτον ιχθυν αρον και ανοιξας το σ]ομα αυτου ευρη-
σεις σ]α]ηρα· εκεινον λαβων δος αυτοις αντι εμιου και σου·

[XVIII.] Εν εκεινη τη ωρα προσηλθον οι μαθηται τω $\overline{ιυ}$ λε-
γοντες· τις αρα μειζων εσ]ιν εν τη βασιλεια των $\overline{ουνων}$·
^{2}Και προσκαλεσαμενος ο $\overline{ις}$ παιδιον εσ]ησεν αυτο εν μεσω αυ-
των ^{3}και ειπεν· αμην λεγω υμιν εαν μη σ]ραφητε και γενησθε ως
τα παιδια ου μη εισελθητε εις την βασιλειαν των $\overline{ουνων}$· ^{4}οσ]ις
ουν ταπινωση εαυτον ως το παιδιον τουτο ουτος εσ]ιν ο μειζων εν
τη βασιλεια των $\overline{ουνων}$·
^{5}Και ος εαν δεξηται παιδιον [fol. 51] τοιουτον εν επι τω ονο-
ματι μου εμε δεχεται·
^{6}Ος δ αν σκανδαλιση ενα των μικρων τουτων των πισ]ευοντων
εις εμε συμφερει αυτω ινα κρεμασθη μυλος ονικος επι τον τραχηλον
αυτου και καταποντισθη εν τω πελαγει της θαλασης· ^{7}ουαι τω
κοσμω απο των σκανδαλων· αναγκη γαρ ελθειν τα σκανδαλα πλην
ουαι τω $\overline{ανω}$ εκεινω δι ου το σκανδαλον ερχεται·
^{8}Ει δε η χειρ σου η ο πους σου σκανδαλιζει σε εκκοψον αυτα
και βαλε απο σου· καλον σοι εσ]ιν εισελθειν εις την ζωην χωλον
η κυλλον η δυο χειρας η δυο ποδας εχοντα βληθηναι εις το πυρ
το αιωνιον·
^{9}Και ει οφθαλμος σου σκανδαλιζει σε εξελε αυτον και βαλε απο
σου· καλον σοι εσ]ιν μονοφθαλμον εις την ζωην εισελθειν η δυο
οφθαλμους εχοντα βληθηναι εις την γεενναν του πυρος·
^{10}Ορατε μη καταφρονησητε ενος των μικρων τουτων των πι-
σ]ευοντων εις εμε· λεγω γαρ υμιν [fol. 52] οτι οι αγγελοι αυ-
των εν $\overline{ουνοις}$ δια παντος βλεπουσιν το προσωπον του $\overline{προς}$
μου του εν τοις $\overline{ουνοις}$· ^{11}ηλθεν γαρ ο $\overline{υς}$ του $\overline{ανου}$ σωσαι το απο-
λωλος·
^{12}Τι δε υμιν δοκει· εαν γενηται τινι $\overline{ανω}$ εκατον προβατα και
πλανηθη εν εξ αυτων ουχι αφεις τα εννενηκονταεννεα επι τα ορη
πορευθεις ζητει το πλανωμενον· ^{13}και εαν γενηται ευρειν αυτο
αμην λεγω υμιν οτι χαιρει επ αυτω μαλλον η επι τοις εννενηκοντα-
εννεα τοις μη πεπλανημενοις· ^{14}ουτως ουκ εσ]ιν θελημα εμπρο-

σθεν του πρσς υμων του εν ουνοις ινα απολητοι ις των μικρων
τουτων·

¹⁵Εαν δε αμαρτηση εις σε ο αδελφος σου υπαγε και ελεγξον
αυτον μεταξυ σου και αυτου μονου· εαν σου ακουση εκερδησας τον
αδελφον σου· ¹⁶εαν δε μη ακουση παραλαβε μετα σου ετι ενα
η δυο ινα επι σ̄οματος δυο μαρτυρων η τριων σ̄αθη παν ρημα·
¹⁷εαν δε παρακουση αυτων ειπε τη εκκλησια· [fol. 53] εαν δε και
της εκκλησιας παρακουση εσ̄ω σοι ωσπερ ο εθνικος και ο τε-
λωνης·

¹⁸Αμην λεγω υμιν οσα εαν δησητε επι της γης εσ̄αι δεδεμενα
εν τω ο̄υν̄ω και οσα εαν λυσητε επι της γης εσ̄αι λελυμενα εν τω
ο̄υν̄ω·

¹⁹Παλιν αμην λεγω υμιν οτι εαν δυο υμων συμφωνησωσιν επι
της γης περι παντος πραγματος ου εαν αιτησωνται γενησεται αυ-
τοις παρα του π̄ρ̄ς μου του εν ο̄υν̄οις· ²⁰ου γαρ εισιν δυο η τρεις
συνηγμενοι εις το εμον ονομα εκει ειμι εν μεσω αυτων·

²¹Τοτε προσελθων αυτω ο πετρος ειπεν· κ̄ε ποσακις αμαρτησει
εις εμε ο αδελφος μου και αφησω αυτω· εως επ̄ακις· ²²λεγει
αυτω ο ῑς· ου λεγω σοι εως επ̄ακις αλλ εως εβδομηκοντακις επ̄α·

²³Δια τουτο ωμοιωθη η βασιλεια των ο̄υν̄ων ᾱν̄ω βασιλει ος ηθε-
λησεν συναραι λογον μετα των δουλων αυτου· ²⁴αρξαμενου δε αυ-
του συναιρειν προσηνεχθη αυτω···

[Fol. 54] [XIX]··· αυτον και λεγοντες αυτω· ει εξεσ̄ιν ᾱν̄ω
απολυσαι την γυναικα αυτου κατα πασαν αιτιαν· ⁴ο δε αποκρι-
θεις ειπεν αυτοις· ουκ ανεγνωτε οτι ο ποιησας απ αρχης αρσεν
και θηλυ εποιησεν αυτους· ⁵και ειπεν· ενεκεν τουτου καταλειψει
ᾱν̄ος τον π̄ρ̄α αυτου και την μ̄ρ̄α και προσκολληθησεται τη γυναικι
αυτου και εσονται οι δυο εις σαρκα μιαν· ⁶ωσ̄ε ουκετι εισιν δυο
αλλα σαρξ μια· ο ουν ο θ̄ς συνεζευξεν ᾱν̄ος μη χωριζετω·

⁷Λεγουσιν αυτω· τι ουν μωσης ενετιλατο δ̄ουναι βιβλιον απο-
σ̄ασιου και απολυσαι αυτην·

⁸Λεγει αυτοις ο ῑς οτι μωσης προς την σκληροκαρδιαν υμων
επετρεψεν υμιν απολυσαι τας γυναικας υμων απ αρχης δε ου γε-
γονεν ουτως·

XVIII, ⁴αυτω] inde lacuna duorum foliorum.

⁹Λεγω δε υμιν οτι ος αν απολυση την γυναικα αυτου παρ εκτος λογου επι πορνιας και γαμηση αλλην μοιχαται και ο απολελυμενην γαμων μοι[fol. 55]χαται·

¹⁰Λεγουσιν αυτω οι μαθηται αυτου· ει ουτως εσλιν η αιτια του ανου μετα της γυναικος ου συμφερει γαμησαι·

¹¹Ο δε ειπεν αυτοις· ου παντες χωρουσιν τον λογον τουτον αλλα οις δεδοται· ¹²εισιν γαρ ευνουχοι οιτινες εκ κοιλιας μρος εγεννηθησαν ουτως και εισιν ευνουχοι οιτινες ευνουχισθησαν υπο των ανων και εισιν ευνουχοι οιτινες ευνουχισαν εαυτους δια την βασιλειαν των ουνων· ο δυναμενος χωρειν χωριτω·

¹³Τοτε προσηνεχθη αυτω παιδια ινα τας χειρας επιθη αυτοις και προσευξηται· οι δε μαθηται επετιμησαν αυτοις·

¹⁴Ο δε ις ειπεν· αφετε τα παιδια και μη κωλυετε αυτα ελθειν προς με· των γαρ τοιουτων εσλιν η βασιλεια των ουνων· ¹⁵και επιθεις αυτοις τας χειρας επορευθη εκειθεν·

¹⁶Και ιδου ις προσελθων ειπεν αυτω· διδασκαλε α[fol. 56]γαθε τι αγαθον ποιησω ινα εχω ζωην αιωνιον·

¹⁷Ο δε ειπεν αυτω· τι με λεγεις αγαθον· ουδεις αγαθος ει μη ις ο θς· ει δε θελεις εισελθειν εις την ζωην τηρησον τας εντολας·

¹⁸Λεγει αυτω ποιας· ο δε ις ειπεν· το ου φονευσης ου μοιχευσης ου κλεψης ου ψευδομαρτυρησης ¹⁹τιμα τον πρα και την μρα και αγαπησεις τον πλησιον σου ως σεαυτον·

²⁰Λεγει αυτω ο νεανισκος· ταυτα παντα εφυλαξαμην εκ νεοτητος μου· τι ετι υσθερω·

²¹Εφη αυτω ο ις· ει θελεις τελειος ειναι υπαγε πωλησον σου τα υπαρχοντα και δος πθωχοις και εξεις θησαυρον εν ουνω και δευρο ακολουθει μοι·

²²Ακουσας δε ο νεανισκος τον λογον απηλθεν λυπουμενος· ην γαρ εχων κτηματα πολλα·

²³Ο δε ις ειπεν τοις μαθηταις αυτου· αμην λεγω υμιν οτι δυσκολως πθουσιος εισελευσεται εις την βασιλειαν των ουνων·

²⁴Παλιν δε λεγω υμιν [fol. 57] ευκοπωτερον εσλιν καμηλον δια τρυμαλιας ραφιδος εισελθειν η πθουσιον εις την βασιλειαν του θυ εισελθειν·

²⁵Ακουσαντες δε οι μαθηται εξεπλησσοντο σφοδρα λεγοντες·

τις αρα δυναται σωθηναι· ²⁰εμβλεψας δε ο ιϲ ειπεν αυτοις· παρα
ανοις τουτο αδυνατον εσλιν παρα δε θω παντα δυνατα εσλιν·

²⁷Τοτε αποκριθεις ο πετρος ειπεν αυτω· ιδου ημεις αφηκαμεν
παντα και ηκολουθησαμεν σοι· τι αρα εσλαι ημιν·

²⁸Ο δε ιϲ ειπεν αυτοις· αμην λεγω υμιν οτι υμεις οι ακολουθη-
σαντες μοι εν τη παλιγγενεσια οταν καθιση ο υϲ του ανου επι
θρονου δοξης αυτου καθεσθησεσθαι και υμεις επι δωδεκα θρονους
κρινοντες τας δωδεκα φυλας του ιηλ·

²⁹Και πας οσλις αφηκεν οικιας η αδελφους η αδελφας η μρα η
πρα η γυναικα η τεκνα η αγρους ενεκεν του ονοματος μου εκα-
τονταπλασιονα λημψεται και ζωην αιωνιον κλη[fol. 58]ρονο-
μησει·

³⁰Πολλοι δε εσονται πρωτοι εσχατοι και εσχατοι πρωτοι·

[XX.] Ομοια γαρ εσλιν η βασιλεια των ουνων ανω οικοδεσ-
ποτη οσλις εξηλθεν αμα πρωι μισθωσασθαι εργατας εις τον αμ-
πελωνα αυτου· ²συμφωνησας δε μετα των εργατων εκ δηναριου
την ημεραν απεσλιλεν αυτους εις τον αμπελωνα αυτου· ³και εξελ-
θων περι την τριτην ωραν ιδεν αλλους εσλωτας εν τη αγορα αργους·
⁴κακεινοις ειπεν· υπαγετε και υμεις εις τον αμπελωνα και ο εαν η
δικαιον δωσω υμιν· ⁵οι δε απηλθον·

Παλιν εξελθων περι εκτην ωραν και ενατην εποιησεν ωσαυτως·
⁶Περι δε την ενδεκατην ωραν εξελθων ευρεν αλλους εσλωτας εν
τη αγορα αργους και λεγει αυτοις· τι ωδε εσληκατε ολην την ημε-
ραν αργοι· ⁷λεγουσιν αυτω· οτι ουδεις ημας εμισθωσατο·

Λεγει αυτοις· υπαγετε και υμεις εις τον αμπελωνα και ο εαν
η δικαιον [fol. 59] ληψεσθε·

⁸Οψιας δε γενομενης λεγει ο κϲ του αμπελωνος τω επιτροπω
αυτου· καλεσον τους εργατας και αποδος αυτοις τον μισθον αρξα-
μενος απο των εσχατων εως των πρωτων·

⁹Και ελθοντες οι περι την ενδεκατην ωραν ελαβον ανα δηνα-
ριον· ¹⁰ελθοντες δε οι πρωτοι ενομισαν οτι πλειονα λημψονται
και ελαβον και αυτοι ανα δηναριον·

¹¹Λαβοντες δε εγογγυζον κατα του οικοδεσποτου ¹²λεγοντες οτι
ουτοι οι εσχατοι μιαν ωραν εποιησαν και ισους ημιν αυτους εποιη-
σας τοις βασλασασι το βαρος της ημερας και τον καυσωνα·

¹³Ο δε αποκριθεις ειπεν ενι αυτων· εταιρε ουκ αδικω σε· ουχι δηναριου συνεφωνησας μοι· ¹⁴αρον το σον και υπαγε· Θελω δε τουτω τω εσχατω δουναι ως και σοι· ¹⁵η ουκ εξεσιν ποιησαι ο Θελω εν τοις εμοις η ο οφθαλμος σου πονηρος εσιν οτι εγω αγαθος ειμι· ¹⁶ουτως εσονται οι εσχατοι πρωτοι και [fol. 60] οι πρωτοι εσχατοι πολλοι γαρ εισιν κλητοι ολιγοι δε εκλεκτοι·

¹⁷Και αναβαινων ο ι̅σ̅ εις ιεροσολυμα παρελαβεν τους δωδεκα μαθητας κατ ιδιαν εν τη οδω και ειπεν αυτοις· ¹⁸ιδου αναβαινομεν εις ιεροσολυμα και ο υ̅σ̅ του αν̅ου̅ παραδοθησεται τοις αρχιερευσιν και γραμματευσιν και κατακρινουσιν αυτον Θανατω ¹⁹και παραδωσωσιν αυτον τοις εθνεσιν εις το εμπαιξαι και μασιγωσαι και σιαυρωσαι και τη τριτη ημερα ανασιησεται·

²⁰Τοτε προσηλθεν αυτω η μ̅η̅ρ̅ των υιων ζεβεδεου μετα των υιων αυτης προσκυνουσα και αιτουσα τι παρ αυτου·

²¹Ο δε ειπεν αυτη· τι Θελεις· λεγει αυτω· ειπε ινα καθισωσιν ουτοι οι δυο υιοι μου ις εκ δεξιων σου και ις εξ ευωνυμων σου εν τη βασιλεια σου·

²²Αποκριθεις δε ο ι̅σ̅ ειπεν· ουκ οιδατε τι αιτισθε· δυνασθε πιειν το ποτηριον ο εγω μελλω πειειν η [fol. 61] το βαπλισμα ο εγω βαπλιζομαι βαπλισθηναι·

Λεγουσιν αυτω δυναμεθα· ²³και λεγει αυτοις· το μεν ποτηριον μου πιεσθε και το βαπλισμα ο εγω βαπλιζομαι βαπλισθησεσθε το δε καθισαι εκ δεξιων μου και εξ ευωνυμων μου ουκ εσιν εμον τουτο δουναι αλλ οις ητοιμασιαι υπο του π̅ρ̅ο̅σ̅ μου·

²⁴Και ακουσαντες οι δεκα ηγανακτησαν περι των δυο αδελφων·

²⁵Ο δε ι̅σ̅ προσκαλεσαμενος αυτους ειπεν· οιδατε οτι οι αρχοντες των εθνων κατακυριευουσιν αυτων και οι μεγαλοι κατεξουσιαζουσιν αυτων· ²⁶ουχ ουτως δε εσιαι εν υμιν αλλα ος εαν Θελη εν υμιν μεγας γενεσθαι εσιαι υμων διακονος ²⁷και ος εαν Θελη εν υμιν ειναι πρωτος εσιαι υμων δουλος·

²⁸Ωσπερ ο υ̅σ̅ του αν̅ου̅ ουκ ηλθεν διακονηθηναι αλλα διακονησαι και δουναι την ψυχην αυτου λυτρον αντι πολλων· υμεις δε ζητιτε εκ μικρου αυξησαι και εκ μειζονος ελατιων [fol. 62] ειναι εισερχομενοι δε και παρακληθεντες διπνησαι μη εις τους εξεχοντας τοπους ανακλινεσθε μηποτε ενδοξοτερος σου επελθη και προσελθων ο διπνοκλητωρ ειπη σοι ετι κατω χωρι και καταισχυνθηση· εαν δε

αναπεσης εις τον ητονα τοπον επελθη σου ητων ερει σοι ο διπνο-
κλητωρ αγε ετι ανω και εσαι σοι τουτο χρησιμωτερον·

²⁹Εκπορευομενων αυτων απο ιεριχω ηκολουθησεν αυτω οχλος
πολυς· ³⁰και ιδου δυο τυφλοι καθημενοι παρα την οδον ακουσαντες
οτι ι̅ς̅ παραγει εκραξαν λεγοντες· ελεησον ημας κ̅ε̅ υιε δ̅α̅δ̅· ³¹ο
δε οχλος επετιμησεν αυτοις ινα σιωπησωσιν· οι δε μειζον εκραυ-
γαζον λεγοντες· ελεησον ημας κ̅ε̅ υιε δ̅α̅δ̅· ³²και σας ο ι̅ς̅ εφωνησεν
αυτους και ειπεν· τι θελετε ποιησω υμιν· ³³λεγουσιν, αυτω· κ̅ε̅
ινα ανοιχθωσιν ημων οι οφθαλμοι· ³⁴σπλαγχνισθεις δε ο ι̅ς̅
[fol. 63] ηψατο των οφθαλμων αυτων και ευθεως ανεβλεψαν αυτων
οι οφθαλμοι και ηκολουθησαν αυτω·

[XXI.] Και οτε ηγγισαν εις ιεροσολυμα και ηλθον εις βηθφαγη
και βηθανιαν προς το ορος των ελαιων τοτε ο ι̅ς̅ απεσιλεν δυο μα-
θητας ²λεγων αυτοις· πορευθητε εις την κωμην την κατεναντι
υμων και ευθεως εισπορευομενοι ευρησετε ονον δεδεμενην και πωλον
μετ αυτης· λυσαντες αγαγετε μοι ³και εαν τις υμιν ειπη τι ερειτε
οτι ο κ̅ς̅ αυτων χριαν εχει ευθεως δε αποσελλει αυτους ωδε·

⁴Τουτο δε ολον γεγονεν ινα πληρωθη το ρηθεν δια του προ-
φητου λεγοντος· ⁵ειπατε τη θυγατρι σειων· ιδου ο βασιλευς σου
ερχεται πραυς και επιβεβηκως επι ονον και πωλον υιον υποζυ-
γιου.

⁶Πορευθεντες δε οι μαθηται και ποιησαντες καθως προσεταξεν
αυτοις ο ι̅ς̅ ⁷ηγαγον την ονον και τον πωλον και επεθηκαν επ αυ-
τον τα ιματια [fol. 64] αυτων και επεκαθισεν επανω αυτων· ⁸ο
δε πλειος οχλος εσρωσαν τα ιματια αυτων εν τη οδω αλλοι δε
εκοπον κλαδους απο των δενδρων και εσρωννυον εν τη οδω·

⁹Οι δε οχλοι οι προαγοντες και οι ακολουθουντες εκραζον λεγον-
τες· ωσαννα τω υ̅ω̅ δ̅α̅δ̅ ευλογημενος ο ερχομενος εν ονοματι κ̅υ̅
ωσαννα εν τοις υψισοις· απηντων δε αυτω πολλοι χαιροντες και
δοξαζοντες τον θ̅ν̅ περι παντων ων ιδον·

¹⁰Και εισελθοντος αυτου εις ιεροσολυμα εσισθη πασα η πολις
λεγουσα· τις εσιν ουτος· ¹¹οι δε οχλοι ελεγον· ουτος εσιν ι̅ς̅ ο
προφητης ο απο ναζαρετ της γαλιλαιας·

¹²Και εισηλθεν ο ι̅ς̅ εις το ιερον του θ̅υ̅ και εξεβαλεν παντας
τους πωλουντας και αγοραζοντας εν τω ιερω και τας τραπεζας των

κολλυβιστων κατεστρεψεν και τας καθεδρας των πωλουντων τας περιστερας· [13]και λεγει αυτοις· γεγραπται [fol. 65] ο οικος μου οικος προσευχης κληθησεται υμεις δε αυτον εποιησατε σπηλαιον ληστων·

[14]Και προσηλθον αυτω χωλοι και τυφλοι εν τω ιερω και εθεραπευσεν αυτους·

[15]Ιδοντες δε οι αρχιερεις και οι γραμματεις τα θαυμασια α εποιησεν και τους παιδας κραζοντας εν τω ιερω και λεγοντας ωσαννα τω υω δαδ ηγανακτησαν [16]και ειπον αυτω· ακουεις τι ουτοι λεγουσιν·

Ο δε ις λεγει αυτοις ναι· ουδεποτε ανεγνωτε οτι εκ στοματος νηπιων και θηλαζοντων κατηρτισω αινον·

[17]Και καταλειπων αυτους εξηλθεν εξω της πολεως εις βηθανιαν και ηυλισθη εκει· [18]πρωιας δε επαναγων εις την πολιν επινασεν [19]και ιδων συκην μιαν επι της οδου ηλθεν επ αυτην και ουδεν ευρεν εν αυτη ει μη φυλλα μονον και λεγει αυτη· μηκετι εκ σου καρπος γεννηται εις τον αιωνα· και εξηρανθη παραχρη[fol. 66]μα η συκη· [20]και ιδοντες οι μαθη. αι εθαυμασαν λεγοντες· πως παραχρημα εξηρανθη η συκη·

[21]Αποκριθεις δε ο ις ειπεν αυτοις· αμην λεγω υμιν εαν εχητε πιστιν ως κοκκον σιναπεως και μη διακριθητε ου μονον το της συκης ποιησετε αλλα καν τω ορει τουτω ειπητε αρθητι και βληθητι εις την θαλασσαν γενησεται·

[22]Και παντα οσα αν αιτησητε εν τη προσευχη πιστευοντες λημψεσθε· [23]και ελθοντος αυτου εις το ιερον προσηλθον αυτω διδασκοντι οι αρχιερεις και οι πρεσβυτεροι του λαου λεγοντες· εν ποια εξουσια ταυτα ποιεις η τις σοι εδωκεν την εξουσιαν ταυτην·

[24]Αποκριθεις δε ο ις ειπεν αυτοις· ερωτησω υμας καγω ενα λογον ον εαν ειπητε μοι καγω υμιν ερω εν ποια εξουσια ταυτα ποιω· [25]το βαπτισμα ιωαννου ποθεν ην εξ ουνου η εξ ανων· οι δε διελογιζοντο παρ εαυτοις λεγ[fol. 67]οντες· εαν ειπωμεν εξ ουνου ερει ημιν· διατι ουν ουκ επιστευσατε αυτω· [26]εαν δε ειπωμεν εξ ανων φοβουμεθα τον οχλον παντες γαρ εχουσιν τον ιωαννην ως προφητην·

[19] η συκη] η additum est supra lineam.

²⁷Και αποκριθεντες τω ιυ ειπον· ουκ οιδαμεν· εφη αυτοις και αυτος· ουδε εγω λεγω υμιν εν ποια εξουσια ταυτα ποιω·

²⁸Τι δε υμιν δοκει· ανος τις ειχεν τεκνα δυο και προσελθων τω πρωτω ειπεν· τεκνον υπαγε σημερον εργαζου εν τω αμπελωνι μου· ²⁹ο δε αποκριθεις ειπεν ου θελω· υσρερον δε μεταμεληθεις απηλθεν·

³⁰Και προσελθων τω ετερω ειπεν ωσαυτως· ο δε αποκριθεις ειπεν εγω κε· και ουκ απηλθεν· ³¹τις εκ των δυο εποιησεν το θελημα του προς· λεγουσιν αυτω ο πρωτος· λεγει αυτοις ο ις· αμην λεγω υμιν οτι οι τελωναι και αι πορναι προαγουσιν υμας εις την βασιλειαν του θυ· ³²ηλθεν γαρ προς [fol. 68] υμας ιωαννης εν οδω δικαιοσυνης και ουκ επισλευσατε αυτω· οι δε τελωναι και αι πορναι επισλευσαν αυτω· υμεις δε ιδοντες ουδε μετεμεληθητε υσλερον του πισλευσαι αυτω·

³³Αλλην παραβολην ακουσατε· ανος ην οικοδεσποτης οσλις εφυτευσεν αμπελωνα και φραγμον αυτω περιεθηκεν και ωρυξεν εν αυτω ληνον και ωκοδομησεν πυργον και εξεδοτο αυτον γεωργοις και απεδημησεν· ³⁴οτε δε ηγγισεν ο καιρος των καρπων απεσλιλεν τους δουλους αυτου προς τους γεωργους λαβειν τους καρπους αυτου·

³⁵Και λαβοντες οι γεωργοι τους δουλους αυτου ον μεν εδιραν ον δε απεκτιναν ον δε ελιθοβολησαν·

³⁶Παλιν απεσλιλεν αλλους δουλους πλειονας των πρωτων και εποιησαν αυτοις ωσαυτως· ³⁷υσλερον δε απεσλι[fol. 69]λεν προς αυτους τον υν αυτου λεγων· εντραπησονται τον υν μου· ³⁸οι δε γεωργοι ιδοντες τον υν ειπον εν εαυτοις· ουτος εσλιν ο κληρονομος· δευτε αποκτινωμεν αυτον και ημων εσλαι η κληρονομια·

³⁹Και λαβοντες αυτον εξεβαλον εξω του αμπελωνος και απεκτιναν· ⁴⁰οταν ουν ελθη ο κς του αμπελωνος τι ποιησει τοις γεωργοις εκεινοις·

⁴¹Λεγουσιν αυτω· κακους κακως απολεσει αυτους και τον αμπελωνα εκδοσεται αλλοις γεωργοις οιτινες αποδωσουσιν αυτω τους καρπους εν τοις καιροις αυτων·

⁴²Λεγει αυτοις ο ις· ουδεποτε ανεγνωτε εν ταις γραφαις· λιθον ον απεδοκιμασαν οι οικοδομουντες ουτος εγενηθη εις κεφαλην γωνιας· παρα κυ εγενετο αυτη και εσλιν θαυμασλη εν οφθαλμοις ημων·

⁴³Δια τουτο λεγω υμιν οτι αρθησεται αφ υμων η βασιλεια του
θ̅υ̅ και [fol. 70] δοθησεται εθνει ποιουντι τους καρπους αυτης·
⁴⁴και ο πεσων επι τον λιθον τουτον συνθλασθησεται· εφ ον δ αν
πεση λικμησει αυτον·

⁴⁵Και ακουσαντες οι αρχιερεις και οι Φαρισαιοι τας παραβολας
αυτου εγνωσαν οτι περι αυτων λεγει· ⁴⁶και ζητουντες αυτον κρα-
τησαι εφοβηθησαν τους οχλους επειδη ως προφητην αυτον ειχον·

[XXII.] Και αποκριθεις ο ι̅ς̅ παλιν ειπεν αυτοις εν παραβολαις
λεγων· ²ωμοιωθη η βασιλεια των ου̅νω̅ν̅ αν̅ω̅ βασιλει οσ7ις εποιη-
σεν γαμους τω υ̅ω̅ αυτου· ³και απεσ7ιλεν τους δουλους αυτου ειπειν
τοις κεκλημενοις εις τους γαμους και ουκ ηθελον ελθειν· ⁴παλιν
απεσ7ιλεν αλλους δουλους λεγων· ειπατε τοις κεκλημενοις· ιδου το
αρισ7ον μου ητοιμασα οι ταυροι μου και τα σιτισ7α τεθυμενα και
παντα ετοιμα· δευτε εις [fol. 71] τους γαμους· ⁵οι δε αμελησαντες
απηλθον ο μεν εις τον ιδιον αγρον ο δε επι την εμποριαν αυτου
⁶οι δε λοιποι κρατησαντες τους δουλους αυτου υβρισαν και απε-
κτιναν·

⁷Και ακουσας ο βασιλευς εκεινος ωργισθη και πεμψας τα σ7ρα-
τευματα αυτου απωλεσεν τους φονεις εκεινους και την πολιν αυτων
ενεπρησεν·

⁸Τοτε λεγει τοις δουλοις αυτου· ο μεν γαμος ετοιμος εσ7ιν οι
δε κεκλημενοι ουκ ησαν αξιοι· ⁹πορευεσθε ουν επι τας διεξοδους
των οδων και οσους αν ευρητε καλεσατε εις τους γαμους·

¹⁰Και εξελθοντες οι δουλοι εκεινοι εις τας οδους συνηγαγον παν-
τας οσους ευρον πονηρους τε και αγαθους και επλησθη ο γαμος
ανακειμενων·

¹¹Εισελθων δε ο βασιλευς θεασασθαι τους ανακειμενους ιδεν
εκει αν̅ο̅ν̅ ουκ ενδεδυμενον ενδυμα γαμου. [fol. 72] ¹²και λεγει
αυτω· εταιρε πως εισηλθες ωδε μη εχων ενδυμα γαμου· ο δε εφι-
μωθη· ¹³τοτε ειπεν ο βασιλευς τοις διακονοις· δησαντες αυτου
χειρας και ποδας αρατε αυτον και εκβαλετε εις το σκοτος το εξω-
τερον· εκει εσ7αι ο κλαυθμος και ο βρυγμος των οδοντων· ¹⁴πολ-
λοι γαρ εισιν κλητοι ολιγοι δε εκλεκτοι·

¹⁵Τοτε πορευθεντες οι Φαρισαιοι συμβουλιον ελαβον οπως αυτον
παγιδευσωσιν εν λογω·

¹⁶Και αποσ7ελλουσιν αυτω τους μαθητας αυτων μετα των ηρω-
διανων λεγοντες· διδασκαλε οιδαμεν οτι αληθης ει και την οδον
του Θ͞υ εν αληθεια διδασκεις και ου μελει σοι περι ουδενος ου γαρ
βλεπεις εις προσωπον αν͞ων· ¹⁷ειπε ουν ημιν τι σοι δοκει· εξεσ7ιν
δουναι κηνσον καισαρι η ου·

¹⁸Γνους δε ο ι͞ς την πονηριαν αυτων ειπεν· τι με πειραζετε
υποκριται· ¹⁹επιδιξατε μοι το νομισμα του κηνσου· οι δε προση-
νεγκαν αυτω δηναριον· ²⁰και λεγει [fol. 73] αυτοις· τινος η ικων
αυτη και η επιγραφη· ²¹λεγουσιν αυτω καισαρος· τοτε λεγει αυ-
τοις ο ι͞ς· αποδοτε ουν τα καισαρος καισαρι και τα του Θ͞υ τω
Θ͞ω· ²²και ακουσαντες εθαυμασαν και καταλειποντες αυτον απηλ-
θον·

²³Εν εκεινη τη ημερα προσηλθον αυτω σαδδουκαιοι οι λεγοντες
μη ειναι ανασ7ασιν και επηρωτησαν αυτον ²⁴λεγοντες· διδασκαλε
μωσης ειπεν· εαν τις αποθανη μη εχων τεκνα επιγαμβρευσει ο
αδελφος αυτου την γυναικα αυτου και αναστησει σπερμα τω
αδελφω αυτου· ²⁵ησαν δε παρ ημιν επ7α αδελφοι και ο πρωτος
γημας ετελευτησεν και μη εχων σπερμα αφηκεν την γυναικα αυτου
τω αδελφω αυτου· ²⁶ομοιως και ο δευτερος και ο τριτος εως των
επ7α·

²⁷Υσ7ερον δε παντων απεθανεν και η γυνη· ²⁸εν τη ουν ανασ-
7ασει τινος των επ7α εσ7αι γυνη παντες γαρ εσχον αυτην·

²⁹Αποκριθεις δε ο ι͞ς ειπεν αυτοις· πλανασθε μη ειδοτες τας
[fol. 74] γραφας μηδε την δυναμιν του Θ͞υ· ³⁰εν γαρ τη ανασ7α-
σει ουτε γαμουσιν ουτε εκγαμιζονται αλλ ως αγγελοι του Θ͞υ εν
ουν͞ω εισιν·

³¹Περι δε της αναστασεως των νεκρων ουκ ανεγνωτε το ρηθεν
υμιν υπο του Θ͞υ λεγοντος· ³²εγω ειμι ο Θ͞ς αβρααμ και ο Θ͞ς ισαακ
και ο Θ͞ς ιακωβ· ουκ εσ7ιν ο Θ͞ς Θ͞ς νεκρων αλλα ζωντων· ³³και
ακουσαντες οι οχλοι εξεπλησσοντο επι τη διδαχη αυτου·

³⁴Οι δε φαρισαιοι ακουσαντες οτι εφιμωσεν τους σαδδουκαιους
συνηχθησαν επι το αυτο·

³⁵Και επηρωτησεν ι͞ς εξ αυτων νομικος πειραζων αυτον και
λεγων· ³⁶διδασκαλε ποια εντολη μεγαλη εν τω νομω·

³⁷Ο δε ι͞ς εφη αυτω· αγαπησεις κ͞ν τον Θ͞ν σου εν ολη τη καρδια
σου και εν ολη τη ψυχη σου και εν ολη τη διανοια σου· ³⁸αυτη

εσλιν η πρωτη και μεγαλη εντολη · ³⁹δευτερα δε ομοια αυτη · αγα-
πησεις τον πλησιον σου ως εαυτον · ⁴⁰εν ταυταις ταις δυσιν εντο-
λαις ολος ο νομος και οι προφηται [fol. 75] κρεμανται ·

⁴¹Συνηγμενων δε των φαρισαιων επηρωτησεν αυτους ο ι͞ς ⁴²λε-
γων · τι υμιν δοκει περι του χ͞υ τινος υ͞ς εσλιν · λεγουσιν αυτω
του δα͞δ ·

⁴³Λεγει αυτοις · πως ουν δα͞δ εν πνι κ͞ν αυτον καλει λεγων ·
⁴⁴ειπεν ο κ͞ς τω κ͞ω μου καθου εκ δεξιων μου εως αν θω τους εχ-
θρους σου υποποδιον των ποδων σου · ⁴⁵ει ουν δα͞δ καλει αυτον κ͞ν
πως υ͞ς αυτου εσλιν ·

⁴⁶Και ουδεις εδυνατο αυτω αποκριθηναι λογον ουδε ετολμησεν
τις απ εκεινης της ημερας επερωτησαι αυτον ουκετι ·

[XXIII.] Τοτε ο ι͞ς ελαλησεν τοις οχλοις και τοις μαθηταις αυ-
του ²λεγων · επι της μωσεως καθεδρας εκαθισαν οι γραμματεις
και οι φαρισαιοι · ³παντα ουν οσα αν ειπωσιν υμιν τηρειν τηρειτε
κατα δε τα εργα αυτων μη ποιειτε · λεγουσιν γαρ και ου ποιου-
σιν ·

⁴Δεσμευουσιν γαρ φορτια βαρεα και δυσβασλακτα και επιτιθεασιν
επι τους ωμους των α͞ν͞ων τω δε δακτυλω αυτων ου θελου · · ·
[fol. 76] οτι καταισθιετε τας οικιας των χηρων και προφασει
μακρα προσευχομενοι · δια τουτο ληψεσθε περισσοτερον κριμα ·

¹⁴Ουαι δε υμιν γραμματεις και φαρισαιοι υποκριται οτι κλιετε
την βασιλειαν των ο͞υ͞ν͞ων εμπροσθεν των α͞ν͞ων · υμεις γαρ ουκ εισ-
ερχεσθε ουδε τους εισερχομενους αφιετε εισελθειν ·

¹⁵Ουαι υμιν γραμματεις και φαρισαιοι υποκριται οτι περιαγετε
την θαλασσαν και την ξηραν του ποιησαι ενα προσηλυτον και
οταν γενηται ποιειτε αυτον υ͞ν γεεννης διπλοτερον υμων ·

¹⁶Ουαι υμιν οδηγοι τυφλοι οι λεγοντες · ος αν ομοση εν τω ναω
ουδεν εσλιν ος δ αν ομοση εν τω χρυσω του ναου οφιλει · ¹⁷μωροι
και τυφλοι · τις γαρ μειζων εσλιν ο χρυσος η ο ναος ο αγιαζων τον
χρυσον · ¹⁸και ος εαν ομοση εν τω θυσιασληριω ουδεν εσλιν ος δ αν
ομοση εν τω δωρω τω επανω αυτου οφιλει · ¹⁹μωροι και τυφλοι ·

XXII ⁵⁰ως εαυτον] sic.
XXIII ⁴θελου...] explicit fol. 75; deficit fol. unum; incipit XXIII ¹³ in :
οτι.

τι γαρ μειζον το δωρον η το θυσιασληριον [fol. 77] το αγιαζον
το δωρον· ²⁰ο ουν ομοσας εν τω θυσιασληριω ομνυει εν αυτω και
εν πασιν τοις επανω αυτου· ²¹και ο ομοσας εν τω ναω ομνυει εν
αυτω και εν τω κατοικουντι αυτον· ²²και ο ομοσας εν τω ο̄υν̄ω̄ ομ-
νυει εν τω θρονω του θ̄ῡ και εν τω καθημενω επανω αυτου·

²³Ουαι υμιν γραμματεις και φαρισαιοι υποκριται οτι αποδεκα-
τουτε το ηδυοσμον και το ανηθον και το κυμινον και αφηκατε τα
βαρυτερα του νομου την κρισιν και τον ελεον και την πισλιν·
ταυτα δε εδει ποιησαι κακινα μη αφιεναι·

²⁴Οδηγοι τυφλοι οι διυλιζοντες τον κωνωπα την δε καμηλον κα-
ταπινοντες·

²⁵Ουαι υμιν γραμματεις και φαρισαιοι υποκριται οτι καθαριζετε
το εξωθεν του ποτηριου και της παραψιδος εσωθεν δε γεμουσιν εξ
αρπαγης και ακρισιας· ²⁶Φαρισαιε τυφλε καθαρισον πρωτον το
εντος του ποτηριου [fol. 78] και της παραψιδος ινα γενηται και
το εκτος αυτων καθαρον·

²⁷Ουαι υμιν γραμματεις και φαρισαιοι υποκριται οτι παρομοι-
αζετε ταφοις κεκονιαμενοις οιτινες εξωθεν μεν φαινονται ωραιοι
εσωθεν δε γεμουσιν ος̄εων νεκρων και πασης ακαθαρσιας· ²⁸ου-
τως και υμεις εξωθεν μεν φαινεσθε τοις ᾱν̄οις̄ δικαιοι εσωθεν δε
μεσλοι εσλε υποκρισεως και ανομιας·

²⁹Ουαι υμιν γραμματεις και φαρισαιοι υποκριται οτι οικοδο-
μειτε τους ταφους των προφητων και κοσμειτε τα μνημια των δι-
καιων ³⁰και λεγετε· ει ημεν εν ταις ημεραις των πατερων ημων
ουκ αν ημεν κοινωνοι αυτων εν τω αιματι των προφητων· ³¹ωσλε
μαρτυριτε εαυτοις οτι υ̇ι εσλε των φονευσαντων τους προφητας·

³²Και υμεις πληρωσατε το μετρον των πατερων υμων· ³³οφεις
γεννηματα αιχιδνων πως φυγητε απο της κρισεως της γεεννης·

³⁴Δια τουτο ιδου εγω αποσλελλω [fol. 79] προς υμας προφητας
και σοφους γραμματεις· εξ αυτων αποκτενιτε και σλαυρωσετε και
εξ αυτων μασλιγωσετε εν ταις συναγωγαις υμων και διωξετε απο
πολεως εις πολιν· ³⁵οπως ελθη εφ υμας παν αιμα δικαιον εκχυνο-
μενον επι της γης απο του αιματος αβελ του δικαιου εως του αιμα-
τος ζαχαριου υιου βαραχιου ον εφανευσατε μεταξυ του ναου και του
θυσιασληριου· ³⁶αμην λεγω υμιν ηξει ταυτα παντα επι την γε-
νεαν ταυτην·

³⁷Ιερουσαλημ ιερουσαλημ η αποκτινασα τους προφητας και λι-
θοβολουσα τους απεσἰαλμενους προς αυτην · ποσακις ηθελησα επι-
συναγαγειν τα τεκνα σου ον τροπον ορνις επισυναγει τα νοσσια
αυτης υπο τας πἰερυγας και ουκ ηθελησατε · ³⁸ιδου αφιεται υμιν ο
οικος υμων ερημος · ³⁹λεγω γαρ υμιν ου μη με ιδητε απαρτι εως αν
ειπητε · ευλογημενος ο ερχομενος εν [fol. 80] ονοματι κυ ·

[XXIV.] Και εξελθων ο ιͣς απο του ιερου επορευετο και προσ-
ηλθον οι μαθηται αυτου επιδιξαι αυτω τας οικοδομας του ιερου ·

Ο δε ιͣς ειπεν αυτοις · ου βλεπετε παντα ταυτα · αμην λεγω υμιν
ου μη αφεθη ωδε λιθος επι λιθον ος ου μη καταλυθησεται ·

³Καθημενου δε αυτου επι του ορους των ελαιων προσηλθον αυτω
οι μαθηται κατ ιδιαν λεγοντες · ειπε ημιν ποτε ταυτα εσἰαι και τι
το σημειον της σης παρουσιας και της συντελειας του αιωνος ·

⁴Και αποκριθεις ο ιͣς ειπεν αυτοις · βλεπετε μη τις υμας πλα-
νηση · ⁵πολλοι γαρ ελευσονται επι τω ονοματι μου λεγοντες οτι
εγω ειμι ο χρισἰος και πολλους πλανησουσιν · ⁶μελλετε δε ακουειν
πολεμους και ακοας πολεμων · ορατε μη θροισθε · δει γαρ παντα
γενεσθαι αλλ ουπω εσἰιν το τελος · ⁷εγερθησεται γαρ εθνος επι εθ-
νος και βασιλεια επι βασιλειαν και εσονται λιμοι και [fol. 81]
λοιμοι και σισμοι κατα τοπους · ⁸παντα δε ταυτα αρχη ωδινων ·

⁹Τοτε παραδωσωσιν υμας εις θλιψιν και αποκτενουσιν υμας και
εσεσθε μισουμενοι υπο παντων των εθνων δια το ονομα μου · ¹⁰και
τοτε σκανδαλισθησονται πολλοι και αλληλους παραδωσωσιν εις
θανατον και μισησωσιν αλληλους · ¹¹και πολλοι ψευδοπροφηται
εγερθησονται και πλανησωσιν πολλους · ¹²και δια το πληθυνθηναι
την ανομιαν ψυγησεται η αγαπη των πολλων · ¹³ο δε υπομεινας
εις τελος ουτος σωθησεται ·

¹⁴Και κηρυχθησεται το ευαγγελιον της βασιλειας εν ολη τη οι-
κουμενη εις μαρτυριον πασιν τοις εθνεσιν και τοτε ηξει το τελος ·

¹⁵Οταν ουν ιδητε το βδελυγμα της ερημωσεως το ρηθεν δια δα-
νιηλ του προφητου εσἰος εν τοπω αγιω ο αναγινωσκων νοιτω ·

¹⁶Τοτε οι εν τη ιουδαια φευγετωσαν επι τα ορη · ¹⁷ο επι του
δωματος [fol. 82] μη καταβαινετω αραι τα εκ της οικιας αυτου,

---

⁶μελλετε] ita ut μελλε iu fine lineæ, τε vero in initio sequentis.

¹⁸και ο εν τω αγρω μη επιστρεψατω εις τα οπισω αραι τα ιματια αυτου·

¹⁹Ουαι δε ταις εν γαστρι εχουσαις και ταις θηλαζουσαις εν εκειναις ταις ημεραις·

²⁰Προσευχεσθε δε ινα μη γενηται η φυγη υμων χειμωνος μηδε σαββατου·

²¹Εσται γαρ τοτε θλιψις μεγαλη οια ου γεγονεν απ αρχης κοσμου εως του νυν ουδε μη γενηται·

²²Και ει μη εκολοβωθησαν αι ημεραι εκειναι ουκ αν εσωθη πασα σαρξ· δια δε τους εκλεκτους κολοβωθησονται αι ημεραι εκειναι·

²³Τοτε εαν τις υμιν ειπη ιδου ωδε ο χς η ωδε μη πιστευσητε·

²⁴Εγερθησονται γαρ ψευδοχριστοι και ψευδοπροφηται και δωσουσιν σημεια μεγαλα και τερατα ωστε πλανησαι ει δυνατον και τους εκλεκτους· ²⁵ιδου προειρηκα υμιν·

²⁶Εαν ουν ειπωσιν υμιν ιδου εν τη ερημω εστιν μη εξελθητε· ιδου εν τοις ταμιοις μη πιστευσητε·

²⁷Ωσπερ γαρ [fol. 83] η αστραπη εξερχεται απο ανατολων και φαινεται εως δυσμων ουτως εσται και η παρουσια του υυ του ανου·

²⁸Οπου γαρ εαν η το πτωμα εκει συναχθησονται οι αετοι·

²⁹Ευθεως δε μετα την θλιψιν των ημερων εκεινων ο ηλιος σκοτισθησεται και η σεληνη ου δωσει το φεγγος αυτης και οι αστερες πεσουνται απο του ουνου και αι δυναμεις των ουνων σαλευθησονται· ³⁰και τοτε φανησεται το σημιον του υυ του ανου εν τω ουνω και τοτε κοψονται πασαι αι φυλαι της γης και οψονται τον υυ του ανου ερχομενον επι των νεφελων του ουνου μετα δυναμεως και δοξης πολλης· ³¹και αποστελει τους αγγελους αυτου μετα σαλπιγγος φωνης μεγαλης και επισυναξουσιν τους εκλεκτους αυτων εκ των τεσσαρων ανεμων απ ακρων ουνων εως ακρων αυτων·

³²Απο δε της συκης μαθετε την παραβολην· οταν ηδη ο κλαδος αυτης γενηται απαλος [fol. 84] και τα φυλλα εκφυη γινωσκετε οτι εγγυς το θερος· ³³ουτως και υμεις οταν ιδητε ταυτα παντα γινωσκετε οτι εγγυς εστιν επι θυραις·

³⁴Αμην λεγω υμιν ου μη παρελθη η γενεα αυτη εως αν παντα ταυτα γενηται· ³⁵ο ουνος και η γη παρελευσονται οι δε λογοι μου ου μη παρελθωσιν·

³⁶Περι δε της ημερας εκεινης και της ωρας ουδεις οιδεν ουδε οι αγγελοι των ο͞υν͞ων ουδε ο υ͞ς ει μη ο π͞η͞ρ μου μονος·

³⁷Ωσπερ δε αι ημεραι του νωε ουτως εσ̃ται και η παρουσια του υ͞υ του α͞ν͞ου· ³⁸ωσπερ γαρ ησαν εν ταις ημεραις ταις προ του κατακλυσμου τρωγοντες και πεινοντες γαμουντες και εκγαμιζοντες αχρι ης ημερας εισηλθεν νωε εις την κιβωτον ³⁹και ουκ εγνωσαν εως ηλθεν ο κατακλυσμος και ηρεν απαντας· ουτως εσ̃ται και η παρουσια του υ͞υ του α͞ν͞ου·

⁴⁰Τοτε δυο εσονται εν τω αγρω ο ι͞ς παραλαμβανεται και ο ι͞ς αφιεται· ⁴¹δυο αληθουσαι εν τω μυλωνι μια πα[fol. 85]ραλαμβανεται και η μια αφιεται·

⁴²Γρηγοριτε ουν οτι ουκ οιδατε ποια ωρα ο κ͞ς υμων ερχεται·

⁴³Εκεινο δε γινωσκετε οτι ει ηδει ο οικοδεσποτης ποια φυλακη ο κλεπ̃της ερχεται εγρηγορησεν αν και ουκ αν εασεν διορυγηναι την οικιαν αυτου· ⁴⁴δια τουτο και υμεις γινεσθε ετοιμοι οτι η ωρα ου δοκιτε ο υ͞ς του α͞ν͞ου ερχεται·

⁴⁵Τις αρα εσ̃τιν ο πισ̃τος δουλος και φρονιμος ον κατεσ̃τησεν ο κυριος αυτου επι της θεραπιας του οικου αυτου του διδοναι αυτοις την τροφην εν καιρω·

⁴⁶Μακαριος ο δουλος εκεινος ον ελθων ο κυριος αυτου ευρησει ποιουντα ουτως· ⁴⁷αμην λεγω υμιν οτι επι πασιν τοις υπαρχουσιν αυτω κατασ̃τησει αυτον·

⁴⁸Εαν δε ειπη ο κακος δουλος εκεινος εν τη καρδια αυτου· χρονιζει ο κυριος μου ερχεσθαι ⁴⁹και αρξηται τυπ̃τειν τους συνδουλους αυτου αισθιη δε και πεινη μετα των μεθυοντων ⁵⁰ηξει ο κ͞ς του δουλου εκεινου εν ημερα η [fol. 86] ου προσδοκα και εν ωρα η ου γινωσκει ⁵¹και διχοτομηση αυτον και το μερος αυτου μετα των υποκριτων θησει· εκει εσ̃ται ο κλαυθμος και ο βρυγμος των οδοντων·

[XXV.] Τοτε ομοιωθησεται η βασιλεια των ο͞υν͞ων δεκα παρθενοις αιτινες λαβουσαι τας λαμπαδας αυτων εξηλθον εις υπαντησιν του νυμφιου· ²πεντε δε ησαν εξ αυτων φρονιμοι και αι πεντε μωραι ³αιτινες μωραι λαβουσαι τας λαμπαδας εαυτων ουκ ελαβον μεθ

XXV ¹ νυμφιου] linea hic ab ipso scriba est erasa, ut erat iterata.

εαυτων ελαιον ⁴αι δε φρονιμοι ελαβον ελαιον εν τοις αγγειοις αυτων μετα των λαμπαδων αυτων · ⁵χρονιζοντος δε του νυμφιου ενυσlαξαν πασαι και εκαθευδον ·

⁶Μεσης δε νυκτος κραυγη γεγονεν · ιδου ο νυμφιος ερχεται εξερχεσθε εις απαντησιν αυτου · ⁷τοτε ηγερθησαν πασαι αι παρθενοι εκειναι και εκοσμησαν τας λαμπαδας αυτων · ⁸αι δε μωραι ταις φρονιμοις ειπον · δοτε ημιν εκ του ελαιου υμων οτι αι λαμπαδες ημων σβεννυνται · [fol. 87] ⁹απεκριθησαν δε αι φρονιμοι λεγουσαι · μηποτε ου μη αρκεση ημιν και υμιν · πορευεσθε δε μαλλον προς τους πωλουντας και αγορασατε εαυταις ·

¹⁰Απερχομενων δε αυτων αγορασαι ηλθεν ο νυμφιος και αι ετοιμοι εισηλθον μετ αυτου εις τους γαμους και εκλεισθη η θυρα ·

¹¹Υσlερον δε ερχονται και αι λοιπαι παρθενοι λεγουσαι · κε κε ανοιξον ημιν · ¹²ο δε αποκριθεις ειπεν · αμην λεγω υμιν ουκ οιδα υμας ·

¹³Γρηγορειτε ουν οτι ουκ οιδατε την ημεραν ουδε την ωραν ·

¹⁴Ωσπερ γαρ αν̅ο̅ς̅ αποδημων εκαλεσεν τους ιδιους δουλους και παρεδωκεν αυτοις τα υπαρχοντα αυτου ·

¹⁵Και ω μεν εδωκεν πεντε ταλαντα ω δε δυο ω δε εν εκασlω κατα την ιδιαν δυναμιν και απεδημησεν ευθεως · ¹⁶πορευθεις δε ο τα πεντε ταλαντα λαβων ειργασατο εν αυτοις και εποιησεν αλλα πεντε ταλαντα · ¹⁷ωσαυτως δε και ο τα δυο εκερδησεν και αυτος αλλα δυο · ¹⁸ο δε το εν [fol. 88] λαβων απελθων ωρυξεν εν τη γη και απεκρυψεν το αργυριον του κ̅υ̅ αυτου ·

¹⁹Μετα δε χρονον πολυν ερχεται ο κ̅ς̅ των δουλων εκεινων και συνερει μετ αυτων λογον ·

²⁰Και προσελθων ο τα πεντε ταλαντα λαβων προσηνεγκεν αλλα πεντε ταλαντα λεγων · κε πεντε ταλαντα μοι παρεδωκας ιδε αλλα πεντε ταλαντα εκερδησα επ αυτοις · ²¹εφη δε ο κ̅ς̅ αυτου · ευ δουλε αγαθε και πισlε επι ολιγα ης πισlος επι πολλων σε κατασlησω · εισελθε εις την χαραν του κ̅υ̅ σου ·

²²Προσελθων δε και ο τα δυο ταλαντα ειληφως ειπεν · κε δυο ταλαντα μοι παρεδωκας ιδε αλλα δυο ταλαντα εκερδησα επ αυτοις · ²³εφη αυτω ο κ̅ς̅ αυτου · ευ δουλε αγαθε και πισlε επι ολιγα ης πισlος επι πολλων σε κατασlησω · εισελθε εις την χαραν του κ̅υ̅ σου ·

²⁴Προσελθων δε και ο το εν ταλαντον ειληφως ειπεν · κε εγνων σε οτι σκληρος ει ανος θεριζων οπου ουκ εσπιρας και συναγων [fol. 89] οθεν ου διεσκορπισας ²⁵και φοβηθεις απελθων εκρυψα το ταλαντον σου εν τη γη · ιδε εχεις το σον ·

²⁶Αποκριθεις δε ο κς αυτου ειπεν αυτω · πονηρε δουλε και οκνηρε ηδεις οτι θεριζω οπου ουκ εσπιρα και συναγω οθεν ου διεσκορπισα · ²⁷εδει ουν σε βαλειν το αργυριον μου τοις τραπεζιταις και ελθων εγω εκομισαμην αν το εμον συν τοκω · ²⁸αρατε ουν απ αυτου το ταλαντον και δοτε τω εχοντι τα δεκα ταλαντα ·

²⁹Τω γαρ εχοντι παντι δοθησεται και περισσευθησεται απο δε του μη εχοντος και ο δοκει εχειν αρθησεται απ αυτου · ³⁰και τον αχριον δουλον εκβαλετε εις το σκοτος το εξωτερον · εκει εσ]αι ο κλαυθμος και ο βρυγμος των οδοντων ·

³¹Οταν δε ελθη ο υς του ανου εν τη δοξη αυτου και παντες οι αγιοι αγγελοι μετ αυτου τοτε καθισει επι θρονου δοξης αυτου ³²και συναχθησεται εμπροσθεν αυτου παντα τα εθνη και αφοριει αυτους α[fol. 90]π αλληλων ωσπερ ο ποιμην αφοριζει τα προβατα απο των εριφων ³³και στησει τα μεν προβατα εκ δεξιων αυτου τα δε εριφια εξ ευωνυμων ·

³⁴Τοτε ερει ο βασιλευς τοις εκ δεξιων αυτου · δευτε οι ευλογημενοι του πρς μου κληρονομησατε την ητοιμασμενην υμιν βασιλειαν απο καταβολης κοσμου · ³⁵επινασα γαρ και εδωκατε μοι φαγειν · εδιψησα και εποτισατε με ξενος ημην και συνηγαγετε με ³⁶γυμνος και περιεβαλετε με · ησθενησα και επεσκεψασθε με εν φυλακη ημην και ηλθατε προς με ·

³⁷Τοτε αποκριθησονται αυτω οι δικαιοι λεγοντες · κε ποτε σε ειδομεν πινωντα και εθρεψαμεν και διψωντα και εποτισαμεν ³⁸ποτε σε δε ιδομεν ξενον και συνηγαγομεν η γυμνον και περιεβαλομεν ³⁹ποτε σε δε ιδομεν ασθενη η εν φυλακη και ηλθομεν προς σε ·

⁴⁰Και αποκριθεις ο βασιλευς ερει αυτοις · αμην λεγω υμιν εφ οσον εποιησατε ενι τουτων των των αδελ[fol. 91]φων μου των ελαχισ]ων εμοι εποιησατε ·

⁴¹Τοτε ερει και τοις εξ ευωνυμων · πορευεσθε απ εμου οι κατηραμενοι εις το πυρ το αιωνιον το ητοιμασμενον τω διαβολω και

---

³⁸ ποτε σε δε] sic.

τοις αγγελοις αυτου · ⁴²επινασα γαρ και ουκ εδωκατε μοι φαγειν
εδιψησα και ουκ εποτισατε με ⁴³ξενος ημην και ου συνηγαγετε
με γυμνος και ου περιεβαλετε με ασθενης και εν φυλακη και ουκ
επεσκεψασθε με · ⁴⁴τοτε αποκριθησονται και αυτοι λεγοντες· κε
ποτε σε ιδομεν πινωντα η διψωντα η ξενον η γυμνον η ασθενη η
εν φυλακη και ου διηκονησαμεν σοι ·

⁴⁵Τοτε αποκριθησεται αυτοις λεγων· αμην λεγω υμιν εφ οσον
ουκ εποιησατε ενι τουτων των ελαχιστων ουδε εμοι εποιησατε ·
⁴⁶και απελευσονται ουτοι εις κολασιν αιωνιον οι δε δικαιοι εις ζωην
αιωνιον ·

[XXVI.] Και εγενετο οτε ετελεσεν ο ι̅ς̅ παντας τους λογους
τουτους [fol. 92] ειπεν τοις μαθηταις αυτου ·
²Οιδατε οτι μετα δυο ημερας το πασχα γινεται και ο υ̅ς̅ του
α̅ν̅ο̅υ̅ παραδιδοται εις το σταυρωθηναι ·
³Τοτε συνηχθησαν οι αρχιερεις και οι γραμματεις και οι πρεσ-
βυτεροι του λαου εις την αυλην του αρχιερεως του λεγομενου
καιαφα ⁴και συνεβουλευσαντο ινα τον ι̅ν̅ δολω κρατησωσιν και
αποκτινωσιν· ⁵ελεγον δε μη εν τη εορτη ινα μη θορυβος γενηται
εν τω λαω ·

⁶Του δε ι̅υ̅ γενομενου εν βηθανια εν οικια σιμωνος του λεπρου
⁷προσηλθεν αυτω γυνη αλαβαστρον μυρου εχουσα βαρυτιμου και
κατεχεεν επι την κεφαλην αυτου ανακειμενου · ⁸ιδοντες δε οι μαθη-
ται αυτου ηγανακτησαν λεγοντες εις τι η απωλια αυτη του μυρου
⁹ηδυνατο γαρ τουτο πραθηναι πολλου και δοθηναι τοις πτωχοις ·

¹⁰Γνους δε ο ι̅ς̅ ειπεν αυτοις· τι κοπους παρεχετε τη γυναικι
εργον γαρ καλον ειργασατο εις εμε· [fol. 93] ¹¹παντοτε γαρ
τους πτωχους εχετε μεθ εαυτων εμε δε ου παντοτε εχετε ·

¹²Βαλουσα γαρ αυτη το μυρον τουτο επι του σωματος μου προς
το ενταφιασαι με εποιησεν ¹³αμην λεγω υμιν οπου αν κηρυχθη
το ευαγγελιον τουτο εν ολω τω κοσμω λαληθησεται και ο εποιησεν
αυτη εις μνημοσυνον αυτης· ¹⁴τοτε πορευθεις ι̅ς̅ των δωδεκα ο λε-
γομενος ιουδας ισκαριωτης προς τους αρχιερεις ¹⁵ειπεν· τι θελετε
μοι δουναι και εγω υμιν παραδωσω αυτον· οι δε εστησαν αυτω
τριακοντα αργυρια ¹⁶και απο τοτε εζητει ευκαιριαν ινα αυτον πα-
ραδω· ¹⁷τη δε πρωτη των αζυμων προσηλθον οι μαθηται τω ι̅υ̅ λε-

γοντες· που Θελεις ετοιμασωμεν σοι Φαγειν το πασχα· [18]ο δε ειπεν
αυτοις· υπαγετε εις την πολιν προς τον δεινα και ειπατε αυτω· ο
καιρος μου εγγυς εσλιν προς σε ποιω το πασχα μετα των μαθη-
των μου·

[19]Και εποιησαν οι μαθηται [fol. 94] ως συνεταξεν αυτοις ο ῑ͞ς
και ητοιμασαν το πασχα·

[20]Οψιας δε γενομενης ανεκειτο μετα των δωδεκα μαθητων·
[21]και αισθιοντων αυτων ειπεν· αμην λεγω υμιν οτι ις εξ υμων πα-
ραδωσει με·

[22]Και λυπουμενοι σφοδρα ηρξαντο λεγειν αυτω εκασλος αυτων·
μητι εγω ειμι κ͞ε· [23]ο δε αποκριθεις ειπεν· ο εμβαψας μετ εμου εν
τω τρυβλιω την χειρα ουτος με παραδωσει·

[24]Ο μεν υ͞ς του α͞νου υπαγει καθως γεγραπλαι περι αυτου ουαι
δε τω α͞νω εκεινω δι ου ο υ͞ς του α͞νου παραδιδοται· καλον ην αυτω
ει ουκ εγεννηθη ο α͞νο͞ς εκεινος·

[25]Αποκριθεις δε ιουδας ο παρχδιδους αυτον ειπεν· μητι εγω ειμι
ραββι· λεγει αυτω· συ ειπας·

[26]Αισθιοντων δε αυτων λαβων ο ῑ͞ς τον αρτον και ευλογησας
εκλασεν και εδιδου τοις μαθηταις και ειπεν· λαβετε Φαγετε τουτο
εσλιν το σωμα μου·

[27]Και λαβων το ποτηριον και ευχαρισλησας εδωκεν αυτοις λεγων·
πειετε εξ αυτου παντες· [28]τουτο γαρ εσλιν [fol. 95] το αιμα μου
το της καινης διαθηκης το υπερ πολλων εκχυννομενον εις αφεσιν
αμαρτιων· [29]λεγω δε υμιν οτι ου μη πιω απαρτι εκ του γεννημα-
τος της αμπελου εως της ημερας εκεινης οταν αυτο πινω μεθ υμων
καινον εν τη βασιλεια του π͞ρο͞ς μου·

[30]Και υμνησαντες εξηλθον εις το ορος των ελαιων· [31]τοτε λεγει
αυτοις ο ῑ͞ς· παντες υμεις σκανδαλισθησεσθε εν εμοι εν τη νυκτι
ταυτη·

Γεγραπλαι γαρ· παταξω τον ποιμαινα και διασκορπισθησεται
τα προβατα της ποιμνης· [32]μετα δε το εγερθηναι με προαξω
υμας εις την γαλιλαιαν·

[33]Αποκριθεις δε ο πετρος ειπεν αυτω· ει παντες σκανδαλισθη-
σονται εν σοι εγω ουδεποτε σκανδαλισθησομαι· [34]εφη αυτω ο ῑ͞ς·

---

[31] ποιμαινα] ita per homophoniam.

αμην λεγω σοι οτι εν ταυτη τη νυκτι πριν αλεκτορα φωνησαι τρις
απαρνηση με·

³⁵ Λεγει αυτω ο πετρος· καν δεη με συν σοι αποθανειν ου μη σε
απαρνησομαι· ομοιως δε [fol. 96] παντες οι μαθηται ειπον·

³⁶ Τοτε ερχεται μετ αυτων ο ι͠ς εις χωριον λεγομενον γεθσημανη.
Και λεγει τοις μαθηταις· καθισατε αυτου εως ου απελθων προσευ-
ξωμαι εκει·

³⁷ Και παραλαβων τον πετρον και τους δυο υιους ζεβεδαιου ηρξατο
λυπισθαι και αδημονειν·

³⁸ Τοτε λεγει αυτοις· περιλυπος εσ1ιν η ψυχη μου εως θανατου·
μεινατε ωδε και γρηγοριτε μετ εμου·

³⁹ Και προελθων μικρον επεσεν επι προσωπον αυτου προσευ-
χομενος και λεγων· π͠ερ μου ει δυνατον εσ1ιν παρελθετω απ εμου
το ποτηριον τουτο· πλην ουχ ως εγω θελω αλλ ως συ·

⁴⁰ Και ερχεται προς τους μαθητας και ευρισκει αυτους καθευ-
δοντας και λεγει τω πετρω· ουτως ουκ ισχυσατε μιαν ωραν γρη-
γορησαι μετ εμου· ⁴¹ γρηγοριτε και προσευχεσθε ινα μη εισελθητε
εις πιρασμον·

Το μεν π͠να προθυμον η δε σαρξ ασθενης·

⁴² Παλιν εκ δευτερου απελθων προσηυξατο λεγων· [fol. 97]
π͠ερ μου ει ου δυναται τουτο το ποτηριον παρελθειν απ εμου εαν
μη αυτο πειω γενηθητω το θελημα σου·

⁴³ Και ελθων ευρεν αυτους παλιν καθευδοντας ησαν γαρ αυτων
οι οφθαλμοι βεβαρημενοι· ⁴⁴ και αφεις αυτους απελθων παλιν προσ-
ηυξατο τον αυτον λογον ειπων·

⁴⁵ Τοτε ερχεται προς τους μαθητας και λεγει αυτοις· καθευδετε
το λοιπον και αναπαυεσθε· ιδου ηγγικεν η ωρα και ο υ͠ς του αν͠ ου
παραδιδοται εις χειρας αμαρτωλων· ⁴⁶ εγιρεσθε αγωμεν ιδου ηγγι-
κεν ο παραδιδους με·

⁴⁷ Και ετι αυτου λαλουντος ιδου ιουδας ι͠ς των δωδεκα ηλθεν και
μετ αυτου οχλος πολυς μετα μαχαιρων και ξυλων απο των αρχιε-
ρεων και πρεσβυτερων του λαου·

⁴⁸ Ο δε παραδιδους αυτον εδωκεν αυτοις σημειον λεγων· ον αν
φιλησω αυτος εσ1ιν κρατησατε αυτον·

⁴⁹ Και ευθεως προσελθων τω ι͠υ ειπεν χαιρε ραββι και κατεφι-
λησεν αυτον· ⁵⁰ ο δε ι͠ς ειπεν [fol. 98] αυτω· εταιρε εφ ο παρι

Τοτε προσελθοντες επεβαλον τας χειρας επι τον ιν και εκρατησαν αυτον·

⁵¹ Και ιδου ις των μετα ιυ εκτινας την χειρα απεσπασεν την μαχαιραν αυτου και παταξας τον δουλον του αρχιερεως αφειλεν αυτου το ωτιον·

⁵² Τοτε λεγει αυτω ο ις· αποσιρεψον σου την μαχαιραν εις τον τοπον αυτης· παντες γαρ οι λαβοντες μαχαιραν εν μαχαιρα απολουνται· ⁵³ η δοκιτε οτι ου δυναμαι αρτι παρακαλεσαι τον πρα μου και παρασιησει μοι πλειους η δωδεκα λεγεωνων αγγελους· ⁵⁴ πως ουν πληρωθωσιν αι γραφαι των προφητων οτι ουτως δει γενεσθαι·

⁵⁵ Εν εκεινη τη ωρα ειπεν ο ις τοις οχλοις· ως επι λησιην εξηλθετε μετα μαχαιρων και ξυλων συλλαβειν με· καθ ημεραν προς υμας εκαθεζομην διδασκων εν τω ιερω και ουκ εκρατησατε με·

⁵⁶ Τουτο δε ολον γεγονεν ινα πληρωθωσιν αι γραφαι των προφητων·

Τοτε οι μαθηται παντες [fol. 99] αφεντες αυτον εφυγον·

⁵⁷ Οι δε κρατησαντες τον ιν απηγαγον προς καιαφαν τον αρχιερεα οπου οι γραμματεις και οι πρεσβυτεροι συνηχθησαν· ⁵⁸ ο δε πετρος ηκολουθει αυτω απο μακροθεν εως της αυλης του αρχιερεως και εισελθων εσω εκαθητο μετα των υπηρετων ιδειν το τελος·

⁵⁹ Οι δε αρχιερεις και οι πρεσβυτεροι και το συνεδριον ολον εζητουν ψευδομαρτυριαν κατα του ιυ οπως αυτον θανατωσωσιν ⁶⁰ και ουχ ευρον πολλων και ψευδομαρτυρων προσελθοντων ουχ ευρον·

Υσιερον δε προσελθοντες δυο ψευδομαρτυρες ⁶¹ ειπον· ουτος εφη δυναμαι καταλυσαι τον ναον του θυ και δια τριων ημερων οικοδομησαι αυτον·

⁶² Και αναστας ο αρχιερευς ειπεν αυτω· ουδεν αποκρινη τι ουτοι σου καταμαρτυρουσιν· ⁶³ ο δε ις εσιωπα·

Και αποκριθεις ο αρχιερευς ειπεν αυτω· εξορκιζω σε κατα του θυ του ζωντος ινα ημιν ειπης ει συ ει ο χς ο υς του θυ του ζωντος·

[Fol. 100] ⁶⁴ Λεγει αυτω ο ις· συ ειπας οτι εγω ειμι· πλην λεγω υμιν απαρτι οψεσθε τον υν του ανου καθημενον εκ δεξιων της δυναμεως και ερχομενον επι των νεφελων του ουνου·

⁶⁵Τοτε ο αρχιερευς διερρηξεν τα ιματια αυτου λεγων· οτι εβλασφημησεν·

Τι ετι χριαν εχομεν μαρτυρων ιδε νυν ηχουσστε την βλασφημιαν εκ του σοματος αυτου· ⁶⁶τι υμιν δοκει· οι δε αποκριθεντες ειπον· ενοχος θανατου εσλιν· ⁶⁷τοτε ενεπλυσαν εις το προσωπον αυτου και εκολαφισαν αυτον οι δε εραππισαν αυτον ⁶⁸λεγοντες· προφητευσον ημιν χ͞ε τις εσλιν ο παισας σε·

⁶⁹Ο δε πετρος εξω εκαθητο εν τη αυλη και προσηλθεν αυτω μια παιδισκη λεγουσα· και συ ησθα μετα ι͞υ του γαλιλαιου· ⁷⁰ο δε ηρνησατο εμπροσθεν αυτων παντων λεγων· ουκ οιδα τι λεγεις·

⁷¹Εξελθοντος δε αυτου εις τον πυλωνα ιδεν αυτον αλλη και λεγει [fol. 101] τοις εκει· και ουτος ην μετα ι͞υ του ναζωραιου· ⁷²και παλιν ηρνησατο μετα ορκου οτι ουκ οιδα τον α͞ν͞ον·

⁷³Μετα μικρον δε προσελθοντες οι εσλωτες ειπον τω πετρω αληθως και συ εξ αυτων ει και γαρ η λαλια σου δηλον σε ποιει· ⁷⁴τοτε ηρξατο καταναθεματιζειν και ομνυειν οτι ουκ οιδα τον α͞ν͞ον· και ευθεως αλεκτωρ εφωνησεν·

⁷⁵Και εμνησθη ο πετρος του ρηματος του ι͞υ ειρηκοτος αυτω οτι πριν αλεκτορα φωνησαι τρις απαρνηση με· και εξελθων εξω εκλαυσεν πικρως·

[XXVII.] Πρωιας δε γενομενης συμβουλιον ελαβον παντες οι αρχιερεις και οι πρεσβυτεροι του λαου ωσλε θανατωσαι τον ι͞ν· ²και δησαντες αυτον απηγαγον και παρεδωκαν αυτον ποντιω πιλατω τω ηγεμονι·

³Τοτε ιδων ιουδας ο παραδιδους αυτον οτι κατεκριθη μεταμεληθεις απεσλρεψεν τα λ´ αργυρια τοις αρχιερευσι ⁴λεγων και τοις πρεσβυτεροις· ημαρ[fol. 102]τον παραδους αιμα αθωον· οι δε ειπον· τι προς ημας συ οψει· ⁵και ριψας τα αργυρια εν τω ναω ανεχωρησεν και απελθων απηγξατο· ⁶οι δε αρχιερεις λαβοντες τα αργυρια ειπον· ουκ εξεσλιν βαλειν αυτα εις τον κορβαναν επει τιμη αιματος εσλιν· ⁷συμβουλιον δε λαβοντες ηγορασαν εξ αυτων τον αγρον του κεραμεως εις ταφην τοις ξενοις· ⁸διο εκληθη ο αγρος εκεινος αγρος αιματος εως της σημερον·

⁹Τοτε επληρωθη το ρηθεν δια του προφητου λεγοντος· και

7

ελαβον τα τριακοντα αργυρια την τιμην του τετιμημενου ον ετιμησαντο απο υιων ιηλ [10] και εδωκα αυτα εις τον αγρον του κεραμεως καθ α συνεταξεν μοι κς·

[11] Ο δε ις εσ]η εμπροσθεν του ηγεμονος και επηρωτησεν αυτον ο ηγεμων λεγων· συ ει ο βασιλευς των ιουδαιων· ο δε ις εφη αυτω· συ λεγεις· [12] και εν τω κατηγορεισθαι αυτον υπο των αρχιερεων και [fol. 103] των πρεσβυτερων ουδεν απεκρινατο·

[13] Τοτε λεγει αυτω ο πιλατος· ουκ ακουεις ποσα σου κατηγορουσιν· [14] και ουκ απεκριθη αυτω προς ουδε εν ρημα ωστε θαυμαζειν τον ηγεμονα λιαν·

[15] Κατα δε εορτην ειωθει ο ηγεμων απολυειν ενα τω οχλω δεσμιον ον ηθελον· [16] ειχον δε τοτε δεσμιον επισημον λεγομενον βαραββαν ος δια φονου και σ]ασιν ην βεβλημενος εις φυλακην· [17] συνηγμενων δε αυτων ειπεν αυτοις ο πιλατος· τινα θελετε των δυο απολυσω υμιν βαραββαν η ιν τον λεγομενον χν· [18] ηδει γαρ οτι δια φθονον παρεδωκαν αυτον·

[19] Καθημενου δε αυτου επι του βηματος απεσ]ιλεν προς αυτον η γυνη αυτου λεγουσα· μηδεν σοι και τω δικαιω εκεινω πολλα γαρ επαθον σημερον κατ οναρ δι αυτου·

[20] Οι δε αρχιερεις και οι πρεσβυτεροι επεισαν τους οχλους ινα αιτησωνται τον βαραββαν τον δε ιν απολεσωσιν· [fol. 104] [21] αποκριθεις δε ο ηγεμων ειπεν αυτοις· τινα θελετε των δυο απολυσω υμιν· οι δε ειπον βαραββαν· [22] λεγει αυτοις ο πιλατος· τι ουν ποιησω ιν τον λεγομενον χν· λεγουσιν παντες σ]αυρωθητω· [23] ο δε ηγεμων εφη· τι γαρ κακον εποιησεν· οι δε περισσως εκραζον λεγοντες σ]αυρωθητω·

[24] Ιδων δε ο πιλατος οτι ουδεν ωφελει αλλα μαλλον θορυβος γινεται λαβων υδωρ απενιψατο τας χειρας απεναντι του οχλου λεγων· αθωος ειμι απο του αιματος τουτου του δικαιου· υμεις οψεσθε· [25] και αποκριθεις πας ο λαος ειπεν· το αιμα αυτου εφ ημας και επι τα τεκνα ημων·

[26] Τοτε απελυσεν αυτοις τον βαραββαν τον δε ιν φραγελλωσας παρεδωκεν ινα σ]αυρωσωσιν αυτον·

[27] Τοτε οι σ]ρατιωται του ηγεμονος παραλαβοντες τον ιν εις το

---

[10] εδωκα] sic, omisso ν. At cf. Westcott et Hort, II, p. 214.

πραιτωριον και συνηγαγον επ αυτον ολην την σπιραν· ²⁸και εκδυ
σαντες αυτον περιεθηκαν αυτω χλαμυδα κοκ[fol. 105]κινην ²⁹και
πλεξαντες σιεφανον εξ ακανθων εθηκαν επι την κεφαλην αυτου
και καλαμον εν τη δεξια αυτου και γονυπετησαντες εμπροσθεν αυ
του ενεπαιζον αυτω λεγοντες· χαιρε βασιλευ των ιουδαιων· ³⁰και
εμπτυσαντες εις αυτον ελαβον τον καλαμον και ετυπτον εις την κε
φαλην αυτου· ³¹και οτε ενεπαιξαν αυτω εξεδυσαν αυτον την χλα
μυδα και ενεδυσαν αυτον τα ιματια αυτου·

Και απηγαγον αυτον εις το σιαυρωσαι· ³²εξερχομενοι δε ευρον
ανον κυρηναιον ονοματι σιμωνα· τουτον ηγγαρευσαν ινα αρη τον
σιαυρον αυτου·

³³Και ελθοντες εις τοπον λεγομενον γολγοθα ος εσιιν λεγομενος
κρανιου τοπος ³⁴εδωκαν αυτω πειειν οξος μετα χολης μεμιγμενον·
και γευσαμενος ουκ ηθελησεν πιειν· ³⁵σιαυρωσαντες δε αυτον διε
μερισαντο τα ιματια αυτου βαλλοντες κληρον ινα πληρωθη το
ρηθεν δια του προφητου· διεμερι[fol. 106]σαντο τα ιματια μου
εαυτοις και επι τον ιματισμον μου εβαλον κληρον· ³⁶και καθημενοι
ετηρουν αυτον εκει·

³⁷Και επεθηκαν επανω της κεφαλης αυτου την αιτιαν αυτου γε
γραμμενην· ουτος εσιιν ις ο βασιλευς των ιουδαιων·

³⁸Τοτε σιαυρουνται συν αυτω δυο λησιαι ις εκ δεξιων και ις εξ
ευωνυμων·

³⁹Οι δε παραπορευομενοι εβλασφημουν αυτον κεινουντες τας
κεφαλας αυτων ⁴⁰και λεγοντες ουα ο καταλυων τον ναον του θυ
και εν τρισιν ημεραις οικοδομων σωσον σεαυτον ει υς ει του θυ
καταβηθι απο του σιαυρου·

⁴¹Ομοιως δε και οι αρχιερεις εμπαιζοντες μετα των γραμματεων
και πρεσβυτερων και Φαρισαιων ελεγον· ⁴²αλλους εσωσεν εαυτον
ου δυναται σωσαι· ει βασιλευς ιηλ εσιιν καταβατω νυν απο του
σιαυρου και πισιευσομεν αυτω· ⁴³ει πεποιθεν επι τον θν ρυσασθω
νυν αυτον ει θελει αυτον· ειπεν γαρ οτι θυ ειμι υς·

⁴⁴Το δε αυτο και οι λησιαι οι [fol. 107] συνσιαυρωθεντες αυτω
ονιδιζαν αυτω·

⁴⁵Απο δε εκτης ωρας σκοτος εγενετο επι πασαν την γην εως
ωρας εννατης·

⁴⁶Περι δε την εννατην ωραν ανεβοησεν ο ις φωνη μεγαλη· ηλει

7.

ηλει λιμα σαβαχθανει· τουτ εσ7ιν θεε μου θεε μου ινατι με εγκατ-
ελειπας·

⁴⁷Τινες δε των εκει εσ7ωτων ακουσαντες ελεγον οτι ηλιαν φωνει
ουτος·

⁴⁸Και ευθεως δραμων ις εξ αυτων και λαβων σπογγον πλησας
τε οξους και περιθεις καλαμω εποτιζον αυτον· ⁴⁹οι δε λοιποι ελε-
γον· αφες ιδωμεν ει ερχεται ηλιας σωσων αυτον·

⁵⁰Ο δε ι̅ς̅ κραξας φωνη μεγαλη αφηκεν το π̅ν̅α̅·

⁵¹Και ιδου το καταπετασμα του ναου εσχισθη εις δυο απο ανω-
θεν εως κατω και η γη εσεισθη και αι πετραι εσχισθησαν ⁵²και τα
μνημια ανεωχθησαν και πολλα σωματα των κεκοιμημενω αγιων
ηγερθη ⁵³και εξελθοντες εκ των μνημιων μετα την εγερσιν αυτου
εισηλθον [fol. 108] εις την αγιαν πολιν και ενεφανισθησαν πολ-
λοις·

⁵⁴Ο δε εκατονταρχος και οι μετ αυτου τηρουντες τον ι̅ν̅ ιδοντες
τον σισμον και τα γενομενα εφοβηθησαν σφοδρα λεγοντες· αληθως
θ̅υ̅ υ̅ς̅ ην ουτος·

⁵⁵Ησαν δε εκει γυναικες πολλαι απο μακροθεν θεωρουσαι αιτι-
νες ηκολουθησαν τω ι̅υ̅ απο της γαλιλαιας διακονουσαι αυτω· ⁵⁶εν
αις ην μαρια η μαγδαληνη και μαρια η του ιακωβου και ιωση μη-
τηρ και η μητηρ των υιων ζεβεδαιου·

⁵⁷Οψιας δε γενομενης ηλθεν α̅ν̅ο̅ς̅ πλουσιος απο αριμαθιας του-
νομα ιωσηφ ος και αυτος εμαθητευσε τω ι̅υ̅· ⁵⁸ουτος προσελθων
τω πιλατω ητησατο το σωμα του ι̅υ̅· τοτε εκελευσεν ο πιλατος
αποδοθηναι το σωμα·

⁵⁹Και λαβων το σωμα ο ιωσηφ ενετυλιξεν αυτο σινδονι καθαρα
⁶⁰και εθηκεν αυτο εν τω καινω αυτου μνημιω ο ελατομησε· εν τη
πετρα και προσκυλισας λιθον μεγαν τη θυρα του μνημειου απηλ-
θεν·

⁶¹Ην δε εκει μαρια η μαγδαληνη [fol. 109] και η αλλη μαρια
καθημεναι απεναντι του ταφου·

⁶²Τη δε επαυριον ητις εσ7ιν μετα την παρασκευην συνηχθησαν
οι αρχιερεις και οι Φαρισαιοι προς πιλατον ⁶³λεγοντες· κυριε
εμνησθημεν οτι εκεινος ο πλανος ειπεν ετι ζων μετα τρις ημερας

⁴⁸ εποτιζον] sic.

εγιρομαι· ⁶⁴κελευσον ουν ασφαλισθηναι τον ταφον εως τριτης
ημερας μηποτε ελθοντες οι μαθηται αυτου κλεψωσιν αυτον και ει-
πωσιν τω λαω ηγερθη απο των νεκρων και εσlαι η εσχατη πλανη
χειρον της πρωτης· ⁶⁵εφη δε αυτοις ο πιλατος· εχετε κουσlωδιαν
υπαγετε ασφαλισασθε ως οιδατε· ⁶⁶οι δε πορευθεντες ησφαλισαντο
τον ταφον σφραγισαντες τον λιθον μετα της κουσlωδιας·

[XXVIII.] Οψε δε σαββατων τη επιφωσκουση εις μιαν σαββα-
των ηλθεν μαρια η μαγδαληνη και η αλλη μαρια θεωρησαι τον
ταφον ²και ιδου σισμος εγενετο μεγας αγγελος γαρ κ̄υ καταβας εξ
ο̄ῡν̄ο̄ῡ προσελθων απε[fol. 110]κυλισεν τον λιθον απο της θυρας
και εκαθητο επνω αυτου· ³ην δε η ιδεα αυτου ως ασlραπη και
το ενδυμα αυτου λευκον ωσει χειων· ⁴απο δε του φοβου αυτου
εσεισθησαν οι τηρουντες και εγενοντο ωσει νεκροι·

⁵Αποκριθεις δε ο αγγελος ειπεν ταις γυναιξιν· μη φοβισθε
υμεις οιδα γαρ οτι ῑν τον εσlαυρωμενον ζητιτε· ⁶ουκ εσlιν ωδε·
ηγερθη γαρ καθως ειπεν· δευτε ιδετε τον τοπον οπου εκειτο ο ῑς·
⁷και ταχυ πορευθεισαι ειπατε τοις μαθηταις αυτου οτι ηγερθη απο
των νεκρων και ιδου προαγει υμας εις την γαλιλαιαν· εκει αυτον
οψεσθε· ιδου ειπον υμιν· ⁸και εξελθουσαι ταχυ απο του μνημιου
μετα φοβου και χαρας μεγαλης εδραμον απαγγιλαι τοις μαθηταις
αυτου·

⁹Ως δε επορευοντο απαγγιλαι τοις μαθηταις αυτου και ιδου ο
ῑς απηντησεν αυταις λεγων χαιρετε· αι δε προσελθουσαι εκρατησαν
αυτου τους ποδας και προσεκυνησαν αυτω· ¹⁰τοτε λεγει [fol. 111]
αυταις ο ῑς· μη φοβισθε· υπαγετε απαγγιλατε τοις αδελφοις μου ινα
απελθωσιν εις την γαλιλαιαν και εκει με οψωνται· ¹¹πορευομενων
δε αυτων ιδου τινες της κουσlωδιας ελθοντες εις την πολιν απηγ-
γιλαν τοις αρχιερευσιν απαντα τα γενομενα·

¹²Και συναχθεντες μετα των πρεσβυτερων συμβουλιον τε λα-
βοντες αργυρια ικανα εδωκαν τοις σlρατιωταις ¹³λεγοντες· ειπατε
οτι οι μαθηται αυτου ελθοντες νυκτος εκλεψαν αυτον ημων κοιμω-
μενων ¹⁴και εαν ακουσθη τουτο επι του ηγεμονος ημεις πεισωμεν
αυτον και υμας αμεριμνους ποιησωμεν· ¹⁵οι δε λαβοντες τα αργυρια
εποιησαν ως διδαχθησαν· και διεφημισθη ο λογος ουτος παρα
ιουδαιοις μεχρι της σημερον·

¹⁶Οι δε ενδεκα μαθηται επορευθησαν εις την γαλιλαιαν εις το ορος ου εταξατο αυτοις ο ι̅ς̅ ¹⁷και ιδοντες αυτον προσεκυνησαν αυτω οι δε εδισ̔Ίασαν·

¹⁸Και προσελθων ο ι̅ς̅ ελαλησεν [fol. 112] αυτοις λεγων· εδοθη μοι πασα εξουσια εν ου̅νω̅ και επι γης· ¹⁹πορευθεντες ουν μαθη-τευσατε παντα τα εθνη βαπ̔Ίζοντες αυτους εις το ονομα του π̅ρ̅ς̅ και του υ̅υ̅ και του αγιου π̅ν̅ς̅ ²⁰διδασκοντες αυτους τηρειν παντα οσα ενετιλαμην υμιν και ιδου εγω μεθ υμων ειμι πασας τας ημερας εως της συντελειας του αιωνος αμην·

[Fol. 115] ᵖ̔ ΕΥΑΓΓΕΛΙΟΝ ΚΑΤΑ ΜΑΡΚΟΝ.

[I.] Αρχη του ευαγγελιου ι̅υ̅ χ̅υ̅ υ̅υ̅ του θ̅υ̅· ²ως γεγραπ̔Ίαι εν τοις προφηταις ιδου εγω αποσ̔Ίελλω τον αγγελον μου προ προσ-ωπου σου ος κατασκευασει την οδον σου·

³Φωνη βοωντος εν τη ερημω· ετοιμασατε την οδον κ̅υ̅ ευθιας ποιειτε τας τριβους αυτου·

⁴Εγενετο ιωαννης βαπ̔Ίζων εν τη ερημω και κηρυσσων βαπ̔Ίσμα μετανοιας εις αφεσιν αμαρτιων·

⁵Και εξεπορευετο προς αυτον πασα η ιουδαια χωρα και οι ιερο-σολυμιται και εβαπ̔Ίζοντο εν τω ιορδανη ποταμω υπ αυτου εξομο-λογουμενοι τας αμαρτιας αυτων·

⁶Ην δε ιωαννης ενδεδυμενος τριχας καμηλου και ζωνην δερματινην περι την οσφυν αυτου και εσθιων ακριδας και μελι αγριον·

⁷Και εκηρυσσεν λεγων· ερχεται ο ισχυροτερος μου οπισω μου ου ουκ ειμι ικανος κυψας λυσαι τον ιμαντα των υπο[fol. 116]δημα-των αυτου· ⁸εγω μεν εβαπ̔Ίισα υμας εν υδατι αυτος δε βαπ̔Ίιση υμας εν π̅ν̅ι̅ αγιω και πυρι·

⁹Και εγενετο εν εκειναις ταις ημεραις ηλθεν ο ι̅ς̅ απο ναζαρετ της γαλιλαιας και εβαπ̔Ίισθη εις τον ιορδανην υπο ιωαννου·

¹⁰Και ευθεως αναβαινων απο του υδατος ιδεν σχιζομενους τους ου̅νους̅ και το π̅ν̅α̅ ωσει περισ̔Ίεραν καταβαινον επ αυτον ¹¹και

²⁰αμην] explicit evangelium secundum Matthæum, nec quidquam aliud additur. — Fol. 113, leguntur τα κεφάλαια evangelii secundum Marcum; fol. 114, simi-liter. — Fol. 115, incipit evangelium secundum Marcum.

Φωνη εγενετο εκ των ο̅υ̅ν̅ω̅ν̅· συ ει ο υ̅ς̅ μου ο αγαπητος εν ω
ευδοκησα·

¹²Και ευθυς το π̅ν̅α̅ αυτον εκβαλλει εις την ερημον ¹³και ην
εκει εν τη ερημω ημερας τεσσαρακοντα πειραζομενος υπο του σα-
τανα και ην μετα των θηριων και οι αγγελοι διηκονουν αυτω·

¹⁴Μετα δε το παραδοθηναι τον ιωαννην ηλθεν ο ι̅ς̅ εις την γαλι-
λαιαν κηρυσσων το ευαγγελιον της βασιλειας του θ̅υ̅· ¹⁵και λεγων
οτι πεπληρωται ο καιρος και ηγγ[fol. 117]ικεν η βασιλεια του θ̅υ̅·
μετανοειτε και πιστευετε εν τω ευαγγελιω·

¹⁶Περιπατων δε παρα την θαλασσαν της γαλιλαιας ιδεν σι-
μωνα και ανδρεαν τον αδελφον αυτου του σιμωνος αμφιβαλλοντας
αμφιβληστρον εν τη θαλασση ησαν γαρ αλιεις·

¹⁷Και ειπεν αυτοις· δευτε οπισω μου και ποιησω υμας γενεσθαι
αλιεις α̅ν̅ω̅ν̅· ¹⁸και ευθεως αφεντες τα δικτυα αυτων ηκολουθησαν
αυτω·

¹⁹Και προβας εκειθεν ολιγον ιδεν ιακωβον τον του ζεβεδαιου
και ιωαννην τον αδελφον αυτου και αυτους εν τω πλοιω καταρτι-
ζοντας τα δικτυα ²⁰και ευθεως εκαλεσεν αυτους· και αφεντες τον
π̅ρ̅α̅ αυτων ζεβεδαιον εν τω πλοιω μετα των μισθωτων απηλθον
οπισω αυτου·

²¹Και εισπορευονται εις καπερναουμ και ευθεως τοις σαββασι
εισελθων εις την συναγωγην εδιδασκεν·

²²Και εξεπλησσοντο επι τη διδαχη αυτου ην γαρ διδασκων αυ-
τους [fol. 118] ως εξουσιαν εχων και ουχ ως οι γραμματεις·

²³Και ην εν τη συναγωγη αυτων α̅ν̅ο̅ς̅ εν π̅ν̅ι̅ ακαθαρτω και
ανεκραξεν ²⁴λεγων· εα τι ημιν και σοι ι̅υ̅ ναζαρηνε· ηλθες
απολεσαι ημας· οιδα σε τις ει ο αγιος του θ̅υ̅· ²⁵και επετιμησεν
αυτω ο ι̅ς̅ λεγων· φιμωθητι και εξελθε εξ αυτου· ²⁶και σπαραξαν
αυτον το π̅ν̅α̅ το ακαθαρτον και κραξαν φωνη μεγαλη εξηλθεν εξ
αυτου·

²⁷Και εθαμβηθησαν παντες ωστε συζητειν προς αυτους λεγον-
τας· τι εστιν τουτο τις η διδαχη η καινη αυτη οτι κατ εξουσιαν
και τοις πνευμασιν τοις ακαθαρτοις επιτασσει και υπακουουσιν
αυτω· ²⁸εξηλθεν δε η ακοη αυτου ευθυς εις ολην την περιχωρον
της γαλιλαιας·

²⁹Και ευθεως εκ της συναγωγης εξελθοντες ηλθον εις την οικιαν

σιμωνος και ανδρεου μετα ιακωβου και ιωαννου· ³⁰η δε πενθερα
σιμωνος κατεκειτο πυρεσσουσα και ευθεως λεγουσιν αυτω περι
[fol. 119] αυτης ³¹και προσελθων ηγειρεν αυτην κρατησας της
χειρος αυτης και αφηκεν αυτην ο πυρετος ευθεως και διηκονει αυ-
τοις·

³²Οψιας δε γενομενης οτε εδυ ο ηλιος εφερον προς αυτον παν-
τας τους κακως εχοντας και τους δαιμονιζομενους ³³και η πολις ολη
επισυνηγμενη ην προς την θυραν· ³⁴και εθεραπευσεν πολλους κα-
κως εχοντας ποικιλαις νοσοις και δαιμονια πολλα εξεβαλεν και
ουκ ηφιεν λαλειν τα δαιμονια οτι ηδεισαν αυτον·

³⁵Και πρωι εννυχον λιαν αναστας εξηλθεν και απηλθεν εις ερη-
μον τοπον κακει προσηυχετο· ³⁶και κατεδιωξαν αυτον σιμων και
οι μετ αυτου ³⁷και ευροντες αυτον λεγουσιν αυτω οτι παντες σε
ζητουσιν·

³⁸Και λεγει αυτοις· αγωμεν εις τας εχομενας κωμοπολεις ινα
κακει κηρυξω εις τουτο γαρ εξεληλυθα· ³⁹και ην κηρυσσων εν
ταις συναγωγαις αυτων εις ολην την γαλιλαιαν και τα δαιμονια εκ-
βαλλων·

⁴⁰Και ερχεται προς αυτον [fol. 120] λεπρος παρακαλων αυτον
και γονυπετων αυτον και λεγων αυτω· οτι εαν θελης κε δυνασαι
με καθαρισαι· ⁴¹ο δε ι͞ς σπλαγχνισθεις εκτινας την χειρα ηψατο
αυτου και λεγει αυτω· θελω καθαρισθητι· ⁴²και ειποντος αυτου
ευθεως απηλθεν η λεπρα απ αυτου και εκαθαρισθη· ⁴³και εμβρι-
μησαμενος αυτω ευθεως εξεβαλεν αυτον ⁴⁴και λεγει αυτω· ορα μη-
δενι μηδεν ειπης αλλ υπαγε σεαυτον δειξον τωι ιερει και προσεν-
εγκε περι του καθαρισμου σου α προσεταξεν μωσης εις μαρτυριον
αυτοις·

⁴⁵Ο δε εξελθων ηρξατο κηρυσσειν πολλα και διαφημιζειν τον
λογον ωστε μηκετι δυνασθαι αυτον φανερως εις πολιν εισελθειν αλλ
εξω εν ερημοις τοποις ην και ηρχοντο προς αυτον παντοθεν·

[II.] Και εισηλθεν παλιν εις καπερναουμ δι ημερων και ηκου-
σθη οτι εις οικον εστιν· ²και ευθεως συνηχθησαν πολλοι ωστε μη-
κετι χωρειν μηδε τα προς την θυραν και [fol. 121] ελαλει αυτοις
τον λογον· ³και ερχονται προς αυτον τινες παραλυτικον φεροντες
αιρομενον υπο τεσσαρων· ⁴και μη δυναμενοι προσεγγισαι αυτω δια

τον οχλον απεσλεγασαν την σλεγην οπου ην και εξοριξαντες χα-
λωσιν τον κραβατον εφ ω ο παραλυτικος κατεκειτο·

⁵Ιδων δε ο ι͞ς την πιστιν αυτων λεγει τω παραλυτικω· τεκνον
αφεονται σοι αι αμαρτιαι σου· ⁶ησαν δε τινε[ς των] γραμ[ματεων]
εκει [καθημενοι] και διαλογιζομενοι εν ταις καρδιαις αυτων· ⁷τι ου-
τος ουτως λαλει βλασφημιας τις δυναται αφιεναι αμαρτιας ει μη
ις ο θ͞ς· ⁸και ευθεως επιγνους ο ι͞ς τω π͞νι αυτου οτι ουτως [ου]τοι
[διαλογιζο]νται εν εαυτοις ειπεν αυτοις· τι ταυτα διαλογιζεσθε εν
ταις καρδιαις υμων· ⁹τι εστιν ευκοπωτερον ειπειν τω παραλυτικω·
αφεονται σοι αι αμαρτιαι η ειπειν εγιρε και αρον σου τον κρα-
βαττον και περιπατι· [fol. 122] ¹⁰ινα δε ειδητε οτι εξουσιαν εχει
ο ι͞ς του α͞νου αφιεναι αμαρτιας επι της γης λεγει τω παραλυτικω·
¹¹συ λεγω εγιρε και αρον τον κραβαττον σου και υπαγε εις τον
οικον σου· ¹²και ηγερθη ευθεως και αρας τον κραβαττον εξηλθεν
ενωπιον παντων ωστε εξιστασθαι παντας και δοξαζειν τον θ͞ν λε-
γοντας οτι ουδεποτε ουτως ιδομεν·

¹³Και εξηλθεν παλιν παρα την θαλασσαν και πας ο οχλος ηρ-
χετο προς αυτον και εδιδασκεν αυτους· ¹⁴και παραγων ιδεν λευειν
τον του αλφαιου καθημενον επι το τελωνιον και λεγει αυτω· ακο-
λουθι μοι· και ανασλας ηκολουθησεν αυτω·

¹⁵Και εγενετο εν τω κατακεισθαι αυτον εν τη οικια αυτου και
πολλοι τελωναι και αμαρτωλοι συνανεκειντο τω ι͞υ και τοις μαθη-
ταις αυτου ησαν γαρ πολλοι και ηκολουθησαν αυτω· ¹⁶και οι
γραμματεις και οι φαρισαιοι ιδοντες αυτον αισθιοντα μετα των
τελωνων και αμαρτωλων [fol. 123] ελεγον τοις μαθηταις αυτου·
τι οτι μετα των τελωνων και αμαρτωλων αισθιει και πεινει·

¹⁷Και ακουσας ο ι͞ς λεγει αυτοις· ου χριαν εχουσιν οι ισχυοντες
ιατρου αλλ οι κακως εχοντες ουκ ηλθον καλεσαι δικαιους αλλα
αμαρτωλους· ¹⁸και ησαν οι μαθηται ιωαννου και οι φαρισαιων νη-
σλευοντες και ερχονται και λεγουσι αυτω διατι οι μαθηται ιωαννου
και οι των φαρισαιων νησλευουσιν οι δε σοι μαθηται ου νησλευ-
ουσιν·

¹⁹Και ειπεν αυτοις ο ι͞ς· μη δυνανται οι υιοι του νυμφωνος εν ω
ο νυμφιος μετ αυτων εστιν νησλευειν οσον χρονον μεθ εαυτων εχου-

⁶τινες...και] angulus folii periit.
⁸ουτως...] similiter laborat locus iste.

σιν τον νυμφιον ου δυνανται νησλευειν · ⁴⁰ελευσονται δε ημεραι οταν
απαρθη απ αυτων ο νυμφιος και τοτε νησλευσωσιν εν εκεινη τη
ημερα ·

²¹Ουδεις επιβλημα ρακους αγναφου επιραπλει επι ιματιω πα
λαιω ει δε μη αιρει το πληρωμα αυτου το καινον του παλαιου και
χειρον σχισμα γινεται · [fol. 124] ²²και ουδεις βαλλει οινον νεον
εις ασκους παλαιους ει δε μη ρησσει ο οινος ο νεος τους ασκους
και ο οινος εκχειται και οι ασκοι απολουνται αλλα οινον νεον εις
ασκους καινους βλητεον ·

²³Και παλιν εγενετο παραπορευεσθαι αυτον τοις σαββασιν δια
των σποριμων και ηρξαντο οι μαθηται αυτου οδον ποιειν τιλλοντες
τους σλαχυας ·

²⁴Και οι φαρισαιοι ελεγον αυτω · ιδε τι ποιουσιν οι μαθηται σου
τοις σαββασιν ο ουκ εξεσλιν · ²⁵και αυτος ελεγεν αυτοις · ουδεποτε
ανεγνωτε τι εποιησεν δαδ οτε χριαν εσχεν και επιναςεν αυτος και
οι μετ αυτου ²⁶πως εισηλθεν εις τον οικον του θυ επι αβιαθαρ
του αρχιερεως και τους αρτους της προθεσεως εφαγεν ους ουκ εξ
εσλιν φαγειν ει μη τοις αρχιερευσι μονοις και εδωκεν και τοις συν
αυτω ουσιν ·

²⁷Και ελεγεν αυτοις · το σαββατον δια τον ανον εγενετο ουχ
ο ανος δια το σαββατον ²⁸ωσλε κς εσλιν ο υς του ανου και του σαβ
βατου ·

[Fol. 125] [III.] Και εισηλθεν παλιν εις την συναγωγην και
ην εκει ανος εξηραμμενην εχων την χειρα ²και παρετηρουν αυτον
ει τοις σαββασιν θεραπευση αυτον ινα κατηγορησωσιν αυτου · ³και
λεγει τω ανω τω εξηραμμενην εχοντι την χειρα · εγειραι εις το
μεσον · ⁴και λεγει αυτοις · εξεσλιν τοις σαββασιν αγαθοποιησαι η
κακοποιησαι ψυχην σωσαι η αποκτειναι · οι δε εσιωπησαν · ⁵και
περιβλεψαμενος αυτους μετ οργης συλλυπουμενος επι τη πωρωσει
της καρδιας αυτων λεγει τω ανω · εκτεινον την χειρα · και εξετινεν
και αποκατεσλαθη η χειρ αυτου ·

⁶Και εξελθοντες οι φαρισαιοι ευθεως μετα των ηρωδιανων συμ
βουλιον εποιουν κατ αυτου οπως αυτον απολεσωσιν · ⁷και ο ις ανε
χωρησεν μετα των μαθητων αυτου προς την θαλασσαν ·

Και πολυ πληθος απο της γαλιλαιας ηκολουθησαν αυτω και απο

της ιουδαιας [8] και απο ιεροσολυμων και απο της ιδουμαιας και πε-
ραν του ιορδανου [fol. 126] και οι περι τυρον και σιδωνα πληθος
πολυ ακουσαντες οσα εποιει ηλθον προς αυτον· [9] και ειπεν τοις
μαθηταις αυτου ινα πλοιαριον προσκαρτερη αυτω δια τον οχλον
ινα μη θλιβωσιν αυτον [10] πολλους γαρ εθεραπευσεν ωσλε επιπιπ-
Ιειν αυτω ινα αυτου αψωνται οσοι ειχον μασλιγας· [11] και τα πνευ-
ματα τα ακαθαρτα οταν αυτον εθεωρει προσεπιπλον αυτω· .

Και εκραζεν λεγοντα οτι συ ει ο χς ο υς του θυ· [12] και πολλα
επετιμα αυτοις ινα μη φανερον αυτον ποιησωσιν οτι ηδεισαν τον
χν αυτον ειναι·

[13] Και αναβαινει εις το ορος και προσκαλειται ους ηθελεν αυτος
και απηλθον προς αυτον [14] και εποιησεν δωδεκα ινα ωσιν μετ αυτου
και ινα αποσλελει αυτους και αποσλολους ωνομασεν του κηρυσσειν
[15] και εχειν εξουσιαν θεραπευειν τας νοσους και εκβαλλειν τα δαι-
μονια·

[16] Και επεθηκεν τω σιμωνι ονομα πετρου [17] και ιακωβον τον
του ζεβεδαιου και ιωαννην τον αδελφον του [fol. 127] ιακωβου· και
επεθηκεν αυτοις ονοματα βοανεργες ο εσλιν υιοι βροντης· [18] και
ανδρεαν και φιλιππον και βαρθολομαιον και ματθεον και θωμαν
και ιακωβον τον του αλφαιου και θαδδαιον και σιμωνα τον κανα-
νιτην [19] και ιουδαν ισκαριωτην ος και παρεδωκεν αυτον·

[20] Και ερχονται εις οικον και συνερχεται παλιν οχλος ωσλε μη
δυνασθαι αυτους μητε αρτον φαγειν· [21] και ακουσαντες οι παρ αυ-
του εξηλθον κρατησαι αυτον· ελεγον γαρ οτι εξεσλη·

[22] Και οι γραμματεις οι απο ιεροσολυμων καταβαντες ελεγον οτι
βεελζεβουλ εχει και οτι εν τω αρχοντι των δαιμονιων εκβαλλει τα
δαιμονια· [23] και προσκαλεσαμενος αυτους εν παραβολαις ελεγεν
αυτοις· πως δυναται σατανας σαταναν εκβαλειν [24] και εαν βασι-
λεια εφ εαυτην μερισθη ου δυναται σλαθηναι η βασιλεια εκεινη
[25] και εαν οικια εφ εαυτην μερισθη [fol. 128] ου δυναται σλαθηναι η
οικια εκεινη· [26] και ει ο σατανας ανεσλη εφ εαυτον και μεμερισλαι
ου δυναται σλαθηναι αλλα τελος εχει·

[27] Ουδεις δυναται τα σκευη του ισχυρου εισελθων εις την οικιαν
αυτου διαρπασαι εαν μη πρωτον τον ισχυρον δηση και τοτε την
οικιαν αυτου διαρπασει·

[28] Αμην λεγω υμιν οτι παντα αφεθησεται τοις υιοις των ανων τα

αμαρτηματα και βλασφημιαι οσας αν βλασφημησωσιν [29]ος δ αν
βλασφημηση εις το π̅ν̅α̅ το αγιον ουκ αφεσιν εις τον αιωνα αλλ
ενοχος εσλιν αιωνιου κρισεως · [30]οτι · ελεγον π̅ν̅α̅ ακαθαρτον
εχει ·

[31]Ερχονται ουν οι αδελφοι και η μ̅η̅ρ̅ αυτου και εξω εσλωτες
απεσλιλαν προς αυτον φωνουντες αυτον · [32]και εκαθητο περι αυτου
οχλος ειπον δε αυτω · ιδου η μ̅η̅ρ̅ σου και οι αδελφοι σου εξω ζη-
τουσιν σε ·

[33]Και απεκριθη αυτοις λεγων · τις εσλιν η μ̅η̅ρ̅ μου η οι αδελφοι
μου · [34]και περιβλεψαμενος κυκλω τους περι αυτον καθη[fol. 129]
μενους λεγει · ιδε η μ̅η̅ρ̅ μου και οι αδελφοι μου [35]ος γαρ αν ποιηση
το θελημα του θ̅υ̅ ουτος αδελφος μου και αδελφη μου και μ̅η̅ρ̅
εσλιν ·

[IV.] Και παλιν ηρξατο διδασκειν παρα την θαλασσαν και
συνηχθη προς αυτον οχλος πολυς ωσλε αυτον εμβαντα εις πλοιον
καθησθαι εν τη θαλασση και πας ο οχλος προς την θαλασσαν
επι της γης ην [2]και εδιδασκεν αυτους εν παραβολαις πολλα και
ελεγεν αυτοις εν τη διδαχη αυτου · [3]ακουετε ιδου εξηλθεν ο σπι-
ρων του σπιραι [4]και εγενετο εν τω σπιρειν ο μεν επεσεν παρα
την οδον και ηλθεν τα πετινα και κατεφαγεν αυτο · [5]αλλο δε επε-
σεν επι το πετρωδες οπου ουκ ειχεν γην πολλην και ευθεως εξα-
νετιλεν δια το μη εχειν βαθος γης [6]ηλιου δε ανατιλαντος εκαυμα-
τισθη και δια το μη εχειν ριζαν εξηρανθη · [7]και αλλο επε[fol. 130]
σεν εις τας ακανθας και ανεβησαν αι ακανθαι και συνεπνιξαν αυτο
και καρπον ουκ εδωκεν ·

[8]Και αλλο επεσεν εις την γην την καλην και εδιδου καρπον
αναβαινοντα και αυξανοντα και εφερεν εν τριακοντα και εν εξηκοντα
και εν εκατον · [9]και ελεγεν · ο εχων ωτα ακουειν ακουετω ·

[10]Οτε δε εγενετο καταμονας ηρωτησαν αυτον οι περι αυτον συν
τοις δωδεκα φρασον ημιν την παραβολην·

[11]Και ελεγεν αυτοις · υμιν δεδοται γνωναι τα μυσληρια της βα-
σιλειας του θ̅υ̅ εκεινοις δε τοις εξω εν παραβολαις τα παντα γι-
νεται [12]ινα βλεποντες βλεπωσιν και μη ιδωσιν και ακουοντες

[29] ουκ] hic explicit pagina; sequens vero incipit in αφεσιν; inde liquet interci-
disse εχει.

ακουωσιν και μη συνιωσιν μηποτε επισ]ρεψωσιν και αφεθη αυ
τοις τα αμαρτηματα· ¹³ και λεγει αυτοις· ουκ οιδατε την παραβολην
ταυτην και πως πασας τας παραβολας γνωσεσθε·

¹⁴ Ο σπιρων τον λογον σπιρει ¹⁵ ουτοι δε εισιν οι παρα την οδον
οπου σπιρεται ο λογος και οταν ακουσωσιν αυτον ευθεως ερχεται
ο σατανας και αιρει τον λογον τον εσπαρμενον εν ταις καρ[fol. 131]
διαις αυτων·

¹⁶ Και ουτοι εισιν ομοιως οι επι τα πετρωδη σπιρομενοι οι οταν
ακουσωσιν τον λογον ευθεως μετα χαρας λαμβανουσιν αυτον ¹⁷ και
ουκ εχουσιν ριζαν εν εαυτοις αλλα προσκαιροι εισιν· ιτα γενομενης
θλιψεως η διωγμου δια τον λογον ευθεως σκανδαλιζονται·

¹⁸ Και ουτοι εισιν οι εις τας ακανθας σπιρομενοι ουτοι εισιν οι
τον λογον ακουοντες ¹⁹ και αι μεριμναι του αιωνος τουτου και η
απατη του πλουτου και αι περι τα λοιπα επιθυμιαι εισπορευομεναι
συμπνιγουσιν τον λογον και ακαρπος γινεται·

²⁰ Και ουτοι εισιν οι επι την γην την καλην σπαρεντες οιτινες
ακουουσιν τον λογον και παραδεχονται και καρποφορουσιν εν τρια
κοντα και εν εξηκοντα και εν εκατον·

²¹ Και ελεγεν αυτοις· μητι ο λυχνος ερχεται ινα υπο τον μο
διον τεθη η υπο την κλινην ουχ ινα επι την λυχνιαν επιτεθη·

²² Ου γαρ εσ]ιν τι κρυπτον ο εαν μη φα[fol. 132]νερωθη ουδε
εγενετο αποκρυφον αλλ ινα εις φανερον ελθη· ²³ ει τις εχει ωτα
ακουειν ακουετω·

²⁴ Και ελεγεν αυτοις· βλεπετε τι ακουετε εν ω μετρω μετρειτε
μετρηθησεται υμιν και προσ]εθησεται υμιν τοις ακουουσιν·

²⁵ Ος γαρ αν εχη δοθησεται αυτω και ος ουκ εχει και ο εχει αρ
θησεται απ αυτου·

²⁶ Και ελεγεν· ουτως εσ]ιν η βασιλεια του θυ ως εαν ανος βαλη
τον σπορον επι της γης ²⁷ και καθευδη και εγειρηται νυκτα και
ημεραν και ο σπορος βλασ]ανη και μηκυνηται ως ουκ οιδεν αυτος·
²⁸ αυτοματη γαρ η γη καρποφορει πρωτον χορτον ιτα σ]αχυν ιτα
πληρη σειτον εν τω σ]αχυει· ²⁹ οταν δε παραδω ο καρπος ευθεως
αποσ]ελλει το δρεπανον οτι παρεσ]ηκεν ο θερισμος·

³⁰ Και ελεγεν· τινι ομοιωσωμεν την βασιλειαν του θυ η εν ποια
παραβολη παραβαλωμεν αυτην· ³¹ ως κοκκω σιναπεως ος οταν σπαρη
επι της γης μικροτερος εσ]ιν παντων των σπερματων των επι της

γης ³²και οταν [fol. 133] σπαρη αναβαινει και γινεται παντων
των λαχανων μειζων και ποιει κλαδους μεγαλους ωσΐε δυνασθαι
υπο την σκιαν αυτου τα πετεινα του ουνου κατασκηνουν·

³³Και τοιαυταις παραβολαις πολλαις ελαλει αυτοις τον λογον
³⁴και χωρις παραβολης ουκ ελαλει αυτοις τον λογον·

Κατ ιδιαν δε τοις μαθηταις αυτου επελυεν παντα·

³⁵Και λεγει αυτοις εν εκεινη τη ημερα οψιας γενομενης· διελ-
θωμεν εις το περαν·

³⁶Και αφεντες τον οχλον παραλαμβανουσιν αυτον ως ην εν τω
πλοιω και αλλα δε πλοιαρια ην μετ αυτου·

³⁷Και γινεται λαιλαψ ανεμου μεγαλη τα δε κυματα επεβαλλεν
εις το πλοιον ωσΐε αυτο ηδη γεμιζεσθαι ³⁸και ην αυτος επι τη
πρυμνη επι το προσκεφαλαιον καθευδων και διεγιρουσιν αυτον και
λεγουσιν αυτω· διδασκαλε ου μελει σοι οτι απολλυμεθα·

³⁹Και διεγερθεις επετιμησεν τω ανεμω και ειπεν τη θαλασση
σιωπα πεφι[fol. 134]μωσο· και εκοπασεν ο ανεμος και εγενετο
γαληνη μεγαλη·

⁴⁰Και ειπεν αυτοις· τι διλοι εσΐε ουτως πως ουκ εχετε πι-
σΐιν·

⁴¹Και εφοβηθησαν φοβον μεγαν και ελεγον προς αλληλους· τις
αρα ουτος εσΐιν οτι και οι ανεμοι και η θαλασσα υπακουουσιν
αυτω·

[V.] Και ηλθον εις το περαν της θαλασης εις την χωραν των
γαδαρηνων ²και εξελθοντι αυτω εκ του πλοιου ευθεως απηντησεν
αυτω εκ των μνημειων αν̅ο̅ς̅ εν π̅ν̅ι̅ ακαθαρτω ³ος την κατοικησιν
ειχεν εν τοις μνημασιν και ουτε αλυσεσιν ουδεις ηδυνατο αυτον δη-
σαι ⁴δια το αυτον πολλακις πεδαις και αλυσεσιν δεδεσθαι και
διεσπασθαι υπ αυτου τας αλυσεις και τας πεδας συντετριφθαι και
ουδεις ισχυεν αυτον δαμασαι· ⁵και δια παντος νυκτος και ημερας
εν τοις μνημασιν και εν τοις ορεσιν ην κραζων και κατακοπΐων
εαυτον λιθοις·

⁶Ιδων δε τον ι̅ν̅ μακροθεν εδραμεν και προσεκυνησεν αυτω
[fol. 135] ⁷και κραξας φωνη μεγαλη λεγει· τι εμοι και σοι υιε
του θ̅υ̅ του υψιστου· ορκιζω σε τον θ̅ν̅ μη με βασανισης· ⁸ελεγεν
γαρ αυτω· εξελθε το π̅ν̅α̅ το ακαθαρτον εκ του αν̅ο̅υ̅·

⁹Και επηρωτα αυτον· τι ονομα σοι· και λεγει αυτω λεγεων ονομα μοι οτι πολλοι εσμεν·

¹⁰Και παρεκαλει αυτον πολλα ινα μη εξω της χωρας αυτους αποσιλη· ¹¹ην δε εκει προς τα ορει χοιρων πολλων αγελη μεγαλη βοσκομενη· ¹²και παρεκαλεσαν αυτον παντες οι δαιμονες λεγοντες· πεμψον ημας εις τους χοιρους ινα εις αυτους εισελθωμεν· ¹³και επετρεψεν αυτοις ευθεως ο ι̅ς̅·

Και εξελθοντα τα πνευματα τα ακαθαρτα εισελθον εις τους χοιρους και ωρμησεν η αγελη κατα του κρημνου εις την θαλασσαν· ησαν δε ως δισχιλιοι και επνιγοντο εν τη θαλασση· ¹⁴και οι βοσκοντες τους χοιρους εφυγον και απηγγιλαν εις την πολιν και εις τους αγρους και ηλθον ιδειν τι εσ̅ιν το γεγονος·

[Fol. 136] ¹⁵Και ερχονται προς τον ι̅υ̅ και θεωρουσιν τον δαιμονιζομενον καθημενον και ιματισμενον και σωφρονουντα τον εσχηκοτα τον λεγεωνα και εφοβηθησαν· ¹⁶και διηγησαντο αυτοις οι ιδοντες πως εγενετο τω δαιμονιζομενω και περι των χοιρων ¹⁷και ηρξαντο παρακαλειν αυτον απελθειν απο των οριων αυτων·

¹⁸Και εμβαντος αυτου εις το πλοιον παρεκαλει αυτον ο δαιμονισθεις ινα μετ αυτου η ¹⁹και ουκ αφηκεν αυτον αλλα λεγει αυτω·

Υπαγε εις τον οικον σου προς τους σους και αναγγιλον αυτοις οσα σοι ο κ̅ς̅ εποιησεν και ηλεησεν σε· ²⁰και απηλθεν και ηρξατο κηρυσσειν εν τη δεκαπολει οσα εποιησεν αυτω ο ι̅ς̅ και παντες εθαυμαζον·

²¹Και διαπερασαντος του ι̅υ̅ εν τω πλοιω παλιν εις το περαν συνηχθη οχλος πολυς επ αυτον και ην παρα την θαλασσαν·

²²Και ιδου ερχεται ις των αρχισυναγωγων ονοματι ιαιρος και ιδων αυτον πιπτει προς τους ποδας αυτου ²³και πα[fol. 137]ρεκαλει αυτον πολλα λεγων οτι το θυγατριον μου εσχατως εχει ινα ελθων επιθης αυτη τας χειρας οπως σωθη και ζησεται· ²⁴και απηλθεν μετ αυτου και ηκολουθει αυτω οχλος πολυς και συνεθλιβον αυτον·

²⁵Και γυνη τις ουσα εν ρυσει αιματος ετη δωδεκα ²⁶και πολλα παθουσα υπο πολλων ιατρων και δαπανησασα τα υπαρχοντα αυτης παντα και μηδεν ωφεληθεισα αλλα μαλλον εις το χειρον ελθουσα ²⁷ακουσασα περι του ι̅υ̅ ελθουσα εν τω οχλω οπισθεν ηψατο του ιματιου αυτου· ²⁸ελεγεν γαρ οτι καν των ιματιων αυτου αψομαι

σωθησομαι· ²⁹και ευθεως εξηρανθη η πηγη του αιματος αυτης και
εγνω τω σωματι οτι ιαται απο της μασίιγος αυτης·

³⁰Και ευθεως επιγνους ο ι̅ς̅ εν εαυτω την εξ αυτου δυναμιν εξελθου-
σαν επισίραφεις εν τω οχλω ελεγεν· τις μου ηψατο των ιματιων·
³¹Και ελεγον αυτω οι μαθηται αυτου· βλεπεις τον [fol. 138]
οχλον συνθλιβοντα σε και λεγεις τις μου ηψατο· ³²και περιεβλε-
πετο ιδειν την τουτο ποιησασαν·

³³Η δε γυνη φοβηθεισα και τρεμουσα ειδυια ο γεγονεν επ αυτην
ηλθεν και προσεπεσεν αυτω και ειπεν αυτω πασαν την αληθειαν·
³⁴ο δε ι̅ς̅ ειπεν αυτη· θυγατερ η πισίις σου σεσωκεν σε· υπαγε
εις ειρηνην και ισθι υγιης απο της μασίιγος σου· ³⁵ετι αυτου λα-
λουντος ερχονται απο του αρχισυναγωγου λεγοντες οτι η θυγατηρ
σου απεθανεν τι ετι σκυλλεις τον διδασκαλον·

³⁶Ο δε ι̅ς̅ ευθεως ακουσας τον λογον λαλουμενον λεγει τω αρχισυν-
αγωγω· μη φοβου μονον πισίευε· ³⁷και ουκ αφηκεν αυτω συνακο-
λουθησαι ουδενα ει μη πετρον και ιακωβον και ιωαννην τον αδελ-
φον αυτου ³⁸και ερχεται εις τον οικον του αρχισυναγωγου και θεω-
ρει θορυβον κλαιοντας και αλαλαζοντας πολλα·

³⁹Και εισελθων λεγει αυτοις· τι θορυβεισθε και κλαιετε [fol. 139]
το παιδιον ουκ απεθανεν αλλα καθευδει· ⁴⁰και κατεγελων αυτου·
Ο δε ι̅ς̅ εκβαλων απαντας παραλαμβανει τον π̅ρ̅α̅ του παιδιου
και την μ̅ρ̅α̅ και τους μετ αυτου και εισπορευεται οπου ην το παι-
διον ανακειμενον ⁴¹και κρατησας της χειρος του παιδιου λεγει
αυτη ταλιθα κουμι ο εσίιν μεθερμηνευομενον το κορασιον σοι λεγω
εγιραι· ⁴²και ευθεως ανεσίη το κορασιον και περιεπατει ην γαρ
ετων δεκα δυο· και εξεσίησαν εκσίασει μεγαλη ⁴³και διεσίιλατο
αυτοις πολλα ινα μηδεις γνω τουτο και ειπεν δοθηναι αυτη φα-
γειν·

[VI.] Και εξηλθεν εκειθεν και ηλθεν εις την πατριδα αυτου και
ακολουθουσιν αυτω οι μαθηται αυτου ²και γενομενου σαββατου ηρ-
ξατο εν τη συναγωγη διδασκειν και πολλοι ακουσαντες εξεπλησ-
σοντο επι τη διδαχη αυτου λεγοντες· ποθεν τουτω ταυτα και τις η
σοφια η δοθεισα αυτω [fol. 140] και δυναμεις τοιαυται δια των
χειρων αυτου γινονται· ³ουχ ουτος εσίιν ο τεκτων ο υ̅ς̅ μαριας αδελ-
φος δε ιακωβου και ιωση και ιουδα και σιμωνος και ουκ εισιν αι

αδελφαι αυτου ωδε προς ημας· και εσκανδαλιζοντο εν αυτω· ⁴ελε-
γεν δε αυτοις.ο ιs οτι ουκ εσlιν προφητης ατιμος ει μη εν τη πα-
τριδι αυτου και εν τοις συγγενεσι και εν τη οικια αυτου· ⁵και ουκ
ηδυνατο εκει ουδεμιαν δυναμιν ποιησαι ει μη ολιγοις αρρωσlοις
επιθεις τας χειρας εθεραπευσεν ⁶και εθαυμαζεν δια την απισlιαν
αυτων·

Και περιηγεν τας πολεις και τας κωμας κυκλω διδασκων·

⁷Και προσκαλειται τους ιϚ και ηρξατο αυτους αποσlελλειν δυο
δυο και εδιδου αυτοις εξουσιαν των π̅ν̅ω̅ν̅ των ακαθαρτων· ⁸και παρ-
ηγγειλεν αυτοις ινα μηδεν αρωσιν εις οδον ει μη ραβδον μονον μη
πηραν μη αρτον μη εις την ζωνην χαλκον [fol. 141] ⁹αλλ υπο-
δεδεμενους σανδαλια και μη ενδυσησθε δυο χιτωνας·

¹⁰Και ελεγεν αυτοις· οπου εαν εισθητε εις οικιαν εκει μενετε
εως αν εξελθητε εκειθεν·

¹¹Και οσοι εαν μη δεξωνται υμας μηδε ακουσωσιν υμων εκπο-
ρευομενοι εκειθεν εκτιναξατε τον χουν τον υποκατω των ποδων
υμων εις μαρτυριον αυτοις· αμην λεγω υμιν ανεκτοτερον εσlαι σο-
δομοις η γομορροις εν ημερα κρισεως η τη πολει εκεινη·

¹²Και εξελθοντες εκηρυσσον ινα μετανοησωσιν ¹³και δαιμονια
πολλα εξεβαλλον και ηλειφον ελαιω πολλους αρρωσlους και εθε-
ραπευον·

¹⁴Και ηκουσεν ο βασιλευς ηρωδης φανερον γαρ εγενετο το
ονομα αυτου και ειπεν τοις παισιν αυτου οτι ιωαννης ο βαπlιζων
εκ νεκρων ηγερθη και δια τουτο αι δυναμεις ενεργουσιν εν αυτω·

¹⁵Αλλοι ελεγον οτι ηλιας εσlιν· αλλοι δε ελεγον οτι προφητης
εσlιν η ως ιs των προφητων· ¹⁶ακουσας δε ο ηρωδης ειπεν οτι ον
εγω απεκεφαλισα ιωαννην ουτος εσlιν αυτος ηγερθη εκ νεκρων·

¹⁷Αυτος γαρ ο ηρωδης αποσlιλας εκρατησεν τον ιωαννην και
εβαλεν αυτον εν τη φυλακη δια ηρωδιαδα την γυναικα [fol. 142]
φιλιππου του αδελφου αυτου οτι αυτην εγαμησεν· ¹⁸ελεγεν ο ιω-
αννης τω ηρωδη οτι ουκ εξεσlιν σοι εχειν την γυναικα του αδελ-
φου σου· ¹⁹η δε ηρωδιας ενιχεν αυτω και ηθελεν αυτον αποκτειναι
και ουκ ηδυνατο· ²⁰ο γαρ ηρωδης εφοβειτο τον ιωαννην ειδως αυ-
τον ανδρα δικαιον και αγιον και συνετηρει αυτον και ακουσας αυ-
του πολλα εποιει και ηδεως αυτου ηκουεν·

¹⁰ εισθητε] omisso ελ in εισελθητε.

8

²¹ Και γενομενης ημερας ευκαιρου οτε ηρωδης τοις γενεσιοις αυτου δειπνον εποιει τοις μεγισ[α]σιν αυτου και τοις χιλιαρχοις και τοις πρωτοις της γαλιλαιας ²² και εισελθουσης της θυγατρος αυτης της ηρωδιαδος και ορχησαμενης και αρεσασης τω ηρωδη και τοις συνανακειμενοις [fol. 143] ειπεν ο βασιλευς τω κορασιω· αιτησον με ο εαν θελης και δωσω σοι· ²³ και ωμοσεν αυτη οτι ο εαν με αιτησης δωσω σοι εως ημισους της βασιλειας μου· ²⁴ η δε εξελθουσα ειπεν τη μρι αυτης τι αιτησομαι· η δε ειπεν την κεφαλην ιωαννου του βαπ[ι]σ[ο]υ· ²⁵ και εισελθουσα ευθεως μετα σπουδης προς τον βασιλεα ητησατο λεγουσα θελω ινα μοι δως εξ αυτης επι πινακι την κεφαλην ιωαννου του βαπ[ι]σ[ο]υ·

²⁶ Και περιλυπος γενομενος ο βασιλευς δια τους ορκους και τους συνανακειμενους ουκ ηθελησεν αυτην αθετησαι ²⁷ και ευθεως αποσ[ε]ιλας ο βασιλευς σπεκουλατωρα επεταξεν ενεχθηναι την κεφαλην αυτου· ²⁸ ο δε απελθων απεκεφαλισεν [fol. 144] αυτον εν τη φυλακη και ηνεγκεν την κεφαλην αυτου επι πινακι και εδωκεν αυτην τω κορασιω και το κορασιον εδωκεν αυτην τη μρι αυτης·

²⁹ Και ακουσαντες οι μαθηται αυτου ηλθον και ηραν το π[ω]μα αυτου και εθηκαν αυτο εν τω μνημειω· ³⁰ και συναγονται οι αποσ[ο]λοι προς τον ιν και απηγγειλαν αυτω παντα και οσα εποιησαν και οσα εδιδαξαν·

³¹ Και ειπεν αυτοις ο ις· δευτε υμεις αυτοι κατ ιδιαν εις ερημον τοπον και αναπαυεσθε ολιγον ησαν γαρ οι ερχομενοι και οι υπαγοντες πολλοι και ουδε φαγειν ηυκαιρουν·

³² Και απηλθον εις ερημον τοπον τω πλοιω κατ ιδιαν ³³ και ιδον αυτους υπαγοντας και επεγνωσαν αυτον πολλοι και πεζη απο πασων των πολεων συνεδραμον εκει και προηλθον αυτους και συνηλθον προς αυτον· ³⁴ και εξελθων ιδεν ο ις πολυν οχλον και εσπλαγχνισθη επ αυτοις οτι ησαν ως προβατα μη εχοντα ποιμενα·

Και ηρξατο διδασκειν αυτους πολλα· ³⁵ και ηδη ωρας πολλης γενομενης προσελθοντες αυτω οι μαθηται αυτου ειπον οτι ερημος εσ[ι]ν ο τοπος και ηδη ωρα πολλη· ³⁶ απολυσον αυτους ινα απελθοντες εις τους κυκλω αγρους και κωμας αγορασωσιν εαυτοις αρτους· [fol. 145] τι γαρ φαγωσιν ουκ εχουσιν· ³⁷ ο δε αποκριθεις ειπεν αυτοις· δοτε αυτοις υμεις φαγειν· και λεγουσιν αυτω· απελθοντες αγορασωμεν δηναριων διακοσιων αρτους και δωμεν αυτοις

Φαγειν· ³⁸ο δε λεγει αυτοις· ποσους αρτους εχετε υπαγετε και ιδετε· και γνοντες λεγουσιν πεντε και δυο ιχθυας·

³⁹Και επεταξεν αυτοις ανακλιθηναι παντας συμποσια συμποσια επι τω χλωρω χορτω ⁴⁰και ανεπεσον πρασιαι πρασιαι ανα εκατον και ανα πεντηκοντα·

⁴¹Και λαβων τους πεντε αρτους και τους δυο ιχθυας αναβλεψας εις τον ουνον ευλογησεν και κατεκλασεν τους αρτους και εδιδου τοις μαθηταις αυτου ινα παραθωσιν αυτοις και τους δυο ιχθυας εμερισεν πασι· ⁴²και εφαγον παντες και εχορτασθησαν ⁴³και ηραν κλασματων δωδεκα κοφινους πληρεις και απο των ιχθυων· ⁴⁴και ησαν οι φαγοντες τους αρτους πεντακισχιλιοι ανδρες·

⁴⁵Και ευθεως ηναγκασεν [fol. 146] τους μαθητας αυτου εμβηναι εις το πλοιον και προαγειν αυτον εις το περαν προς βηθσαιδαν εως αυτος απολυση τον οχλον·

⁴⁶Και αποταξαμενος αυτοις απηλθεν εις το ορος προσευξασθαι·

⁴⁷Και οψιας γενομενης ην το πλοιον εν μεσω της θαλασσης και αυτος μονος επι της γης ⁴⁸και ιδεν αυτους βασανιζομενους εν τω ελαυνειν· ην γαρ ο ανεμος εναντιος αυτοις·

Και περι τεταρτην φυλακην της νυκτος ερχεται προς αυτους περιπατων επι της θαλασσης και ηθελεν παρελθειν αυτους·

⁴⁹Οι δε ιδοντες αυτον περιπατουντα επι της θαλασσης εδοξαν φαντασμα ειναι και ανεκραξαν· ⁵⁰παντες γαρ αυτον ιδον και εταραχθησαν·

Και ευθεως ελαλησεν μετ αυτων και λεγει αυτοις· θαρσιτε εγω ειμι μη φοβισθε· ⁵¹και ανεβη προς αυτους εις το πλοιον και εκοπασεν ο ανεμος και περιεσωσεν αυτους και λιαν εκ περισσου εν εαυτοις εξισταντο και εθαυμαζον· [fol. 147] ⁵²ου γαρ συνηκαν επι τοις αρτοις ην γαρ η καρδια αυτων πεπωρωμενη·

⁵³Και διαπερασαντες ηλθον εις την γην γεννησαρετ και προσωρμισθησαν·

⁵⁴Και εξελθοντων αυτων εκ του πλοιου ευθεως επιγνοντες αυτον οι ανδρες του τοπου και ⁵⁵περιδραμοντες ολην την περιχωρον εκεινην ηρξαντο επι τοις κραβατλοις τους κακως εχοντας περιφερειν οπου ηκουον οτι εκει εσλιν·

⁵⁶Και οπου αν εισεπορευετο εις πολεις η κωμας η αγρους εν

8.

ταις αγοραις ετιθουν τους ασθενουντας και παρεκαλουν αυτον ινα
καν του κρασπεδου του ιματιου αυτου αψωνται και οσοι αν ηπλοντο
αυτου εσωζοντο·

[VII.] Και συναγονται προς αυτον οι φαρισαιοι και τινες των
γραμματεων ελθοντες απο ιεροσολυμων ²και ιδοντες τινας των μα-
θητων αυτου κοιναις χερσι τουτ εσλιν ανιπλοις αισθιοντας αρ-
τους εμεμψαντο· ³ οι γαρ φαρισαιοι και παντες οι ι[fol. 148]ου-
δαιοι εαν μη πυγμη νιψωνται τας χειρας ουκ αισθιουσιν κρατουντες
την παραδοσιν των πρεσβυτερων ⁴και απο αγορας εαν μη βα-
πλισωνται ουκ αισθιουσιν· και αλλα πολλα εσλιν α παρελαβον
κρατειν βαπλισμους ποτηριων και ξεσλων και χαλκιων και κλινων·
⁵επλα επερωτωσιν αυτον οι φαρισαιοι και οι γραμματεις· διατι
οι μαθηται σου ου περιπατουσιν κατα την παραδοσιν των πρεσ-
βυτερων αλλα ανιπλοις χερσιν αισθιουσιν τον αρτον· ⁶ο δε αποκρι-
θεις ειπεν αυτοις οτι καλως προεφητευσεν ησαιας περι υμων των
υποκριτων ως γεγραπλαι· ουτος ο λαος τοις χειλεσιν με τιμα η δε
καρδια αυτων πορρω απεχει απ εμου· ⁷ματην δε σεβονται με δι-
δασκοντες διδασκαλιας ενταλματα α̅ν̅ω̅ν̅· ⁸αφεντες γαρ την εντολην
του θ̅υ̅ κρατιτε την παραδοσιν των α̅ν̅ω̅ν̅ βαπλισμους ξεσλων και
ποτηριων και αλλα παρομοια τοιαυτα πολλα ποιιτε·

⁹Και ελεγεν αυτοις· καλως αθετ[fol. 149]ιτε την εντολην του
θ̅υ̅ ινα την παραδοσιν υμων τηρησητε· ¹⁰μωυσης γαρ ειπεν· τιμα
τον π̅ρ̅α̅ σου και την μ̅ρ̅α̅ σου και ο κακολογων π̅ρ̅α̅ η μ̅ρ̅α̅ θανατω
τελευτατω· ¹¹υμεις δε λεγετε ος εαν ειπη α̅ν̅ος τω π̅ρ̅ι̅ η τη μ̅ρ̅ι̅ κορ-
βαν ο εσλιν δωρον ο εαν εξ εμου ωφεληθης ¹²και ουκετι αφιετε αυτον
ουδεν ποιησαι τω π̅ρ̅ι̅ αυτου η τη μ̅ρ̅ι̅ αυτου ¹³ακυρουντες τον λογον
του θ̅υ̅ τη παραδοσει υμων η παρεδωκατε· και παρομοια τοιαυτα
πολλα ποιειτε·

¹⁴Και προσκαλεσαμενος παντα τον οχλον ελεγεν αυτοις· ακουετε
μου παντες και συνιετε ¹⁵ουδεν εσλιν εξωθεν του α̅ν̅ο̅υ̅ εισπορευο-
μενον εις αυτον ο δυναται αυτον κοινωσαι αλλα τα εκπορευομενα
απ αυτου εκεινα εσλιν τα κοινουντα τον α̅ν̅ο̅ν̅· ¹⁶ει τις εχει ωτα
ακουειν ακουετω·

VII. ⁵επλα] scilicet επειτα, ut peccavit scriba.

¹⁷Και οτε εισηλθεν εις οικον απο του οχλου επηρωτων αυτον οι
μαθηται αυτου περι της παραβολης· ¹⁸και λεγει αυτοις· ουτως και
υμεις ασυνετοι εσ͡τε ου νοιτε οτι παν [fol. 150] το εξωθεν εισπο-
ρευομενον εις τον αν͠ον ου δυναται αυτον κοινωσαι ¹⁹οτι ουκ εισ-
πορευεται αυτου εις την καρδιαν αλλ εις την κοιλιαν και εις αφε-
δρωνα εκβαλλεται καθαριζον παντα τα βρωματα· ²⁰ελεγεν δε οτι
το εκ του αν͠ου εκπορευομενον εκεινο κοινοι τον αν͠ον· ²¹εσωθεν γαρ
εκ της καρδιας των αν͠ων οι διαλογισμοι οι κακοι εκπορευονται μοι-
χειαι πορνειαι φονοι ²²κλοπαι πλεονεξιαι πονηριαι δολος ασελγια
οφθαλμος πονηρος βλασφημια υπερηφανια αφροσυνη· ²³παντα
ταυτα τα πονηρα εσωθεν εκπορευεται και κοινοι τον αν͠ον·

²⁴Και εκειθεν αναστας απηλθεν εις τα μεθορια τυρου και σιδω-
νος και εισελθων εις την οικιαν ουδενα ηθελεν γνωναι και ουκ εδυ-
νηθη λαθειν· ²⁵ακουσασα γαρ γυνη περι αυτου ης ειχεν το θυγα-
τριον αυτης πν͠α ακαθαρτον ελθουσα προσεπεσεν προς τους ποδας
αυτου· ²⁶ην δε η γυνη ελληνις συρο φοινικισσα τω γενει·

Και ηρω͡τα αυτον ινα το δαιμονιον εκβαλλη [fol. 151] εκ της θυ-
γατρος αυτης· ²⁷ο δε ι͞ς ειπεν αυτη· αφες πρωτον χορτασθηναι τα
τεκνα ου γαρ καλον εσ͡τιν λαβειν τον αρτον των τεκνων και βαλειν
τοις κυναριοις· ²⁸η δε απεκριθη και λεγει αυτω· ναι κ͞ε και γαρ τα
κυναρια υποκατω της τραπεζης αισθιει απο των ψιχιων των παι-
διων· ²⁹και ειπεν αυτη· δια τουτον τον λογον υπαγε εξεληλυθεν το
δαιμονιον εκ της θυγατρος σου·

³⁰Και απελθουσα εις τον οικον αυτης ευρεν το δαιμονιον εξε-
ληλυθος και την θυγατερα βεβλημενην επ. της κλινης·

³¹Και παλιν εξελθων εκ των οριων τυρου και σιδωνος ηλθεν
προς την θαλασσαν της γαλιλαιας ανα μεσον των οριων της δε-
καπολεως· ³²και φερουσιν αυτω κωφον μογιλαλον και παρακαλου-
σιν αυτον ινα επιθη αυτω την χειρα· ³³και απολαβομενος αυτον
απο του οχλου κατ ιδιαν εβαλεν τους δακτυλους αυτου εις τα ωτα
αυτου και πτυσας ηψατο της γλωσσης αυτου ³⁴και αναβλεψας εις
τον ουν͠ον εστεναξεν και λεγει αυτω [fol. 152] εφφαθα ο εσ͡τιν δια-
νοιχθητι· ³⁵και ευθεως διηνοιχθησαν αυτου αι ακοαι και ελυθη ο
δεσμος της γλωσσης αυτου και ελαλει ορθως ³⁶και διεσ͡τειλατο αυ-
τοις ινα μηδενι ειπωσιν· οσον δε αυτοις αυτος διεσ͡τελλετο μαλλον
περισσοτερον εκηρυσσον· ³⁷και υπερπερισσως εξεπλησσοντο λε-

γοντες· καλως παντα πεποιηκεν και τους κωφους ποιει ακουειν και
τους αλαλους λαλειν·

[VIII.] Εν εκειναις ταις ημεραις παλιν πολλου οχλου οντος
και μη εχοντων τι φαγωσιν προσκαλεσαμενος τους μαθητας λεγει
αυτοις· ²σπλαγχνιζομαι επι τον οχλον οτι ηδη ημεραι τρις προσ-
μενουσιν μοι και ουκ εχουσιν τι φαγωσιν ³και εαν απολυσω αυ-
τους νησλεις εις οικον αυτων εκλυθησονται εν τη οδω· τινες γαρ
αυτων μακροθεν ηκασιν· ⁴και απεκριθησαν αυτω οι μαθηται αυτου·
ποθεν τουτους δυνησεται τις ωδε χορτασαι αρτων επ ερημιας· ⁵και
επηρωτα αυτους· ποσους αρτους εχετε· οι δε ειπον επλα· ⁶και παρ-
ηγγειλεν τω οχλω ανα[fol. 153]πεσειν επι της γης· και λαβων
τους επλα αρτους ευχαρισληϭας εκλαϭεν και εδιδου τοις μαθηταις
ϲυτου ινα παρατιθωϭιν και παρεθηκαν τω οχλω· ⁷και ειχον ιχθυ-
δια ολιγα και αυτα ευλογηϭας ειπεν παρατεθειναι και ταυτα· ⁸εφαγον
δε και εχορτασθησαν και ηραν περισσευματα κλασματων επλα σπυ-
ριδας· ⁹ησαν δε οι φαγοντες ως τετρακισχιλιοι· και απελυσεν αυ-
τους· ¹⁰και εμβας ευθεως εις το πλοιον μετα των μαθητων αυτου
ηλθεν εις τα μερη δαλμανουθα·

¹¹Και εξηλθον οι φαρισαιοι και ηρξαντο συζητειν αυτω ζητουντες
παρ αυτου σημειον απο του ⲟ̄ⲩ̄ⲛⲟⲩ πειραζοντες αυτον· ¹²και αναϭλε-
ναξας τω π̄ν̄ι αυτου λεγει· τι η γενεα αυτη σημειον επιζητει· αμην
λεγω υμιν ει δοθησεται τη γενεα ταυτη σημειον·

¹³Και αφεις αυτους εμβας παλιν εις το πλοιον απηλθεν εις το
περαν ¹⁴και επελαθοντο οι μαθηται αυτου λαβειν αρτους και ει
μη ενα αρτον ουκ ειχον μεθ εαυτων εν τω πλοιω·

¹⁵Και διεϭλελλετο αυτοις [fol. 154] λεγων· ορατε και βλεπκτε
απο της ζυμης των Φαρισαιων και της ζυμης ηρωδου·

¹⁶Και διελογιζοντο προς αλληλους λεγοντες οτι αρτους ουκ
εχομεν· ¹⁷και γνους ο ῑς̄ λεγει αυτοις· τι διαλογιζεσθε εν ταις καρ-
διαις υμων ολιγοπιϭλοι οτι αρτους ουκ εχετε· ουπω νοιτε ουδε συ-
νιετε· ετι πεπωρωμενην εχετε την καρδιαν υμων ¹⁸οφθαλμους
εχοντες ου βλεπετε και ωτα εχοντες ουκ ακουετε και ου μνημονευε-
τε ¹⁹οτε τους πεντε αρτους εκλαϭα εις τους πεντακισχιλιους πο-
σους κοφινους πληρεις κλασματων ηρατε· λεγουσιν αυτω δωδεκα·
²⁰οτε δε τους επλα αρτους εις τους τετρακισχιλιους ποϭων σπυρι-

δων πληρωματα κλασματων ηρατε· οι δε ειπον επ7α· ²¹και ελεγεν
αυτοις· πως·ουπω συνιετε·

²²Και ερχεται εις βηθσαιδαν και φερουσιν αυτω τυφλον και
παρακαλουσιν αυτον ινα αυτου αψηται· ²³και επιλαβομενος της
χειρος του τυφλου εξηγαγεν αυτον εξω της κωμης και π7υσας εις
τα ομματα [fol. 155] αυτου επιθεις τας χειρας αυτω επηρωτα αυ-
τον ει τι βλεπει· ²⁴και αναβλεψας ελεγεν βλεπω τους ανους οτι ως
δενδρα ορω περιπατουντας· ²⁵ειτα παλιν επεθηκεν τας χειρας επι
τους οφθαλμους αυτου και εποιησεν αυτον αναβλεψαι· και αποκατ-
εσ7αθη και ενεβλεψεν τηλαυγως απαντας· ²⁶και απεσ7ειλεν αυ-
τον εις τον οικον αυτου λεγων· υπαγε εις τον οικον σου και εαν εις
την κωμην εισελθης μηδεν ειπης τινι εν τη κωμη·

²⁷Και εξηλθεν ο ις και οι μαθηται αυτου εις τας κωμας καισαριας
της Φιλιππου και εν τη οδω επηρωτα τους μαθητας αυτου λεγων
αυτοις· τινα με λεγουσιν οι ανοι ειναι· ²⁸οι δε απεκριθησαν·
ιωαννην τον βαπ7ιστην και αλλοι ηλιαν αλλοι δε ενα των προφη-
των· ²⁹και αυτος λεγει αυτοις· υμεις δε τινα με λεγετε ειναι· απο-
κριθεις ο πετρος λεγει αυτω· συ ει ο χς·

³⁰Και επετιμησεν αυτοις ινα μηδενι λεγωσιν τουτο περι αυτου·
³¹και ηρξατο διδασκειν αυτους οτι δει τον υν του ανου [fol. 156]
πολλα παθειν και αποδοκιμασθηναι υπο των πρεσβυτερων και των
αρχιερεων και γραμματεων και αποκτανθηναι και μετα τρις ημερας
ανασ7ηναι ³²και παρρησια τον λογον ελαλει·

Και προσλαβομενος αυτον ο πετρος ηρξατο επιτιμαν αυτω· ³³ο
δε επισ7ραφεις και ιδων τους μαθητας αυτου επετιμησεν τω πετρω
λεγων· υπαγε οπισω μου σατανα οτι ου φρονεις τα του θυ αλλα
τα των ανων·

³⁴Και προσκαλεσαμενος τον οχλον συν τοις μαθηταις αυτου ει-
πεν αυτοις· οσ7ις θελει οπισω μου ακολουθειν απαρνησασθω εαυ-
τον και αρατω τον σ7αυρον αυτου και ακολουθιτω μοι· ³⁵ος γαρ
εαν θελη την ψυχην αυτου σωσαι απολεσει αυτην ος δ αν απο-
λεση την ψυχην αυτου ενεκεν εμου και του ευαγγελιου σωσει αυτην·
³⁶τι γαρ ωφελησει τον ανον εαν κερδηση τον κοσμον ολον και ζη-
μιωθη την ψυχην αυτου· ³⁷η τι δωσει ανος ανταλλαγμα της ψυχης
αυτου·

³⁸Ος γαρ αν επαισχυνθη με και τους εμους λογους εν τη [fol. 157]

γενεα ταυτη τη πονηρα και μοιχαλιδι και αμαρτωλω και ο υ̅ς̅ του
α̅ν̅ου̅ επαισχυνθησεται αυτον οταν ελθη εν τη δοξη του π̅ρ̅ο̅ς̅ αυτου
μετα των αγγελων των αγιων·

[IX.] Και ελεγεν αυτοις· αμην λεγω υμιν οτι εισιν τινες των
ωδε εσ⁊ηκοτων οιτινες ου μη γευσονται θανατου εως αν ιδωσιν την
βασιλειαν του θ̅υ̅ εληλυθυιαν εν δυναμει·

²Και μεθ ημερας εξ παραλαμβανει ο ι̅ς̅ τον πετρον και τον ιακω-
βον και τον ιωαννην και αναφερει αυτους εις ορος υψηλον κατ ιδιαν
μονους και μετεμορφωθη εμπροσθεν αυτων ³και τα ιματια αυτου
εγενετο σ⁊ιλβοντα λευκα λιαν ως χειων οια γναφευς επι της γης ου
δυναται λευκαναι·

⁴Και ωφθη αυτοις ηλιας συν μωυση και ησαν συλλαλουντες τω
ι̅υ̅·

⁵Και αποκριθεις ο πετρος λεγει τω ι̅υ̅· ραββι καλον εσ⁊ιν ημας
ωδε ειναι και ποιησωμεν σκηνας τρις συ μιαν και μωυση μιαν και
ηλια μιαν· ⁶ου γαρ ηδει τι λαληση· ησαν γαρ εκφοβοι· ⁷και εγε-
νετο νεφελη επισκιαζουσα αυτοις [fol. 158] και ηλθεν φωνη εκ
της νεφελης λεγουσα ουτος εσ⁊ιν ο υ̅ς̅ μου ο αγαπητος αυτου
ακουετε·

⁸Και εξαπινα περιβλεψαμενοι ουκετι ουδενα ιδον αλλα τον ι̅υ̅
μονον μεθ εαυτων·

⁹Καταβαινοντων δε αυτων απο του ορους διεσ⁊ιλατο αυτοις ινα
μηδενι διηγησωνται α ιδον ει μη οταν ο υ̅ς̅ του α̅ν̅ου̅ εκ νεκρων
αναστη·

¹⁰Και τον λογον εκρατησαν προς εαυτους συνζητουντες τι εσ⁊ιν
το εκ νεκρων αναστηναι·

¹¹Και επηρωτων αυτον λεγοντες οτι λεγουσιν οι γραμματεις οτι
ηλιαν δει ελθειν πρωτον· ¹²ο δε αποκριθεις ειπεν αυτοις· ηλιας μεν
ελθων πρωτον αποκαθισ⁊α παντα και πως γεγραπ⁊αι επι τον υ̅ν̅
του α̅ν̅ου̅ ινα πολλα παθη και εξουθηνηθη· ¹³αλλα λεγω υμιν οτι
και ηλιας εληλυθεν και εποιησαν αυτω οσα ηθελησαν καθως γε-
γραπ⁊αι επ αυτον·

¹⁴Και ελθων προς τους μαθητας ειδεν οχλον πολυν περι αυτους
και γραμματεις συζητουντας αυτοις· ¹⁵και ευθεως πας ο οχλος ιδων

IX, ⁵συ] intellige σοι, itacismi causa.

αυτον εξεθαμ6ηθη και προσ]ρεχοντες ησ[fol. 159]παζοντο αυτον
¹⁶και επηρωτησεν τουςγραμματεις· τι συνζητιτε προς αυτους· ¹⁷και
αποκριθεις ις εκ του οχλου ειπεν διδασκαλε ηνεγκα τον υν μου
προς σε εχοντα πνα αλαλον ¹⁸και οπου αν αυτον καταλαβη ρησ-
σει αυτον και αφριζει και τριζει τους οδοντας αυτου και ξηραινεται·
και ειπον τοις μαθηταις σου ινα εκβαλωσιν αυτο και ουκ ισχυσαν·
¹⁹ο δε αποκριθεις αυτω λεγει· ω γενεα απισ]ος εως ποτε προς υμας
εσομαι εως ποτε ανεξομαι υμων φερετε αυτον προς με· ²⁰και ηνεγ-
καν αυτον προς αυτον· και ιδων αυτον ευθεως το πνα εσπαραξεν
αυτον και πεσων επι της γης εκυλιετο αφριζων·

²¹Και επηρωτησεν ο ις τον πρα αυτου ποσος χρονος εσ]ιν ως
τουτο γεγονεν αυτω· ο δε ειπεν εκ παιδιοθεν ²²και πολλακις αυ-
τον και εις το πυρ εβαλεν και εις υδατα ινα απολεση αυτον· αλλ
ει τι δυνασαι βοηθησον ημιν σπλανχνισθεις εφ ημας·

²³Ο δε ις ειπεν αυτω ει δυνασαι πισ]ευσαι παντα δυνατα τω
[fol. 160] πισ]ευοντι· ²⁴και ευθεως κραξας ο πηρ του παιδιου μετα
δακρυων ελεγεν· πισ]ευω βοηθι μου τη απισ]ια·

²⁵Ιδων δε ο ις οτι επισυντρεχει ο οχλος επετιμησεν τω πνι τω
ακαθαρτω λεγων αυτω· το πνα το αλαλον και κωφον εγω σοι επι-
τασσω εξελθε εξ αυτου και μηκετι εισελθης εις αυτον· ²⁶και κρα-
ξαν πολλα και σπαραξαν αυτον εξηλθεν και εγενετο ωσει νεκρος ωσ]ε
πολλους λεγειν οτι απεθανεν· ²⁷ο δε ις κρατησας αυτον της χειρος
ηγιρεν αυτον και ανεσ]η· ²⁸και εισελθοντα αυτον εις οικον οι μα-
θηται αυτου επηρωτων αυτον κατ ιδιαν· δια τι ημεις ουκ ηδυνηθημεν
εκβαλειν αυτο· ²⁹και ειπεν αυτοις· τουτο το γενος εν ουδενι δυ-
ναται εξελθειν ει μη εν προσευχη και νησ]εια·

³⁰Και εκειθεν εξελθοντες παρευοντο δια της γαλιλαιας και ουκ
ηθελεν ινα τις γνω ³¹εδιδασκεν γαρ τους μαθητας αυτου και
ελεγεν αυτοις οτι ο υς του ανου παραδιδοται εις χειρας ανων και
αποκ]ενουσιν αυτον και αποκτανθεις τη τριτη ημερα [fol. 161]
ανασ]ησεται· ³²οι δε ηγνοουν το ρημα και εφοβουντο αυτον επερω-
τησαι·

³³Και ηλθεν εις καπερναουμ και εν τη οικια γενομενος επηρωτα
αυτους· τι εν τη οδω προς εαυτους διελογιζεσθε· ³⁴οι δε εσιωπων·
Προς αλληλους γαρ διελεχθησαν εν τη οδω τις μειζων· ³⁵και

³⁰ παρευοντο] omisit litteras medias e παρεπορευοντο.

καθισας εφωνησεν τους δωδεκα και λεγει αυτοις· ει τις θελει πρω-
τος ειναι εσται παντων εσχατος και παντων διακονος· ³⁶και λα-
βων παιδιον εστησεν αυτο εν μεσω αυτων και εναγκαλισαμενος
αυτο ειπεν αυτοις· ³⁷ος εαν εν των τοιουτων παιδιων δεξηται επι
τω ονοματι μου εμε δεχεται και ος εαν εμε δεξηται ουκ εμε δεχεται
αλλα τον αποστιλαντα με· ³⁸απεκριθη δε αυτω ο ιωαννης λεγων·
διδασκαλε ιδομεν τινα τω ονοματι σου εκβαλλοντα δαιμονια ος ουκ
ακολουθει ημιν και εκωλυσαμεν αυτον οτι ουκ ακολουθει:μεθ ημων·
³⁹ο δε ι̅ς̅ ειπεν· μη κωλυετε αυτον ουδεις γαρ εστιν ος ποιησει
δυναμιν επι τω ονοματι μου και δυνησεται ταχυ κακο[fol. 162]λο-
γησαι με· ⁴⁰ος γαρ ουκ εστιν καθ υμων υπερ υμων εστιν· ⁴¹ος γαρ
αν ποτιση υμας ποτηριον υδατος εν ονοματι οτι χ̅υ̅ εστε αμην λεγω
υμιν ου μη απολεση τον μισθον αυτου·

⁴²Και ος εαν σκανδαλιση ενα των μικρων τουτων των πιστευ-
οντων εις εμε καλον εστιν αυτω μαλλον ει περικειται λιθος μυλικος
περι τον τραχηλον αυτου και βεβληται εις την θαλασσαν· ⁴³και
εαν σκανδαλιζη σε η χειρ σου αποκοψον αυτην καλον σοι εστιν
κυλλον εις την ζωην εισελθειν η τας δυο χειρας εχοντα απελθειν
εις την γεενναν εις το πυρ το ασβεστον ⁴⁴οπου ο σκωληξ αυτων ου
τελευτα και το πυρ ου σβεννυται· ⁴⁵και εαν ο πους σου σκανδα-
λιζη σε αποκοψον αυτον καλον εστιν σε εισελθειν εις την ζωην
χωλον η τους δυο ποδας εχοντα βληθηναι εις την γεενναν εις το
πυρ το ασβεστον ⁴⁶οπου ο σκωληξ αυτων ου τελευτα και το πυρ ου
σβεννυται· ⁴⁷και εαν ο οφθαλμος σου σκανδαλιζη σε εκβαλε αυτον
και βαλε απο σου καλον σοι εστιν μονοφθαλμον εις την βασιλει
[fol. 163]αν του θ̅υ̅ εισελθειν η δυο οφθαλμους εχοντα βληθηναι
εις την γεενναν του πυρος ⁴⁸οπου ο σκωληξ αυτων ου τελευτα και
το πυρ ου σβεννυται·

⁴⁹Πας γαρ πυρι αλισθησεται και πασα θυσια αλι αλισθη-
σεται·

⁵⁰Καλον το αλας εαν δε το αλας αναλον γενηται εν τινι αυτο
αρτυσετε· εχετε εν εαυτοις αλας και ειρηνευετε εν αλληλοις·

[X.] Κακειθεν αναστας ερχεται εις τα ορια της ιουδαιας δια του
περαν του ιορδανου και συμπορευονται παλιν οχλοι προς αυτον
και ως ειωθει παλιν εδιδασκεν αυτους·

²Και προσελθοντες φαρισαιοι επηρωτησαν αυτον ει εξεσ7ιν ανδρι γυναικα απολυσαι πειραζοντες αυτον·

³Ο δε αποκριθεις ειπεν αυτοις· τι υμιν ενετιλατο μωσης· ⁴οι δε ειπον· μωσης επετρεψεν βιβλιον αποσ7ασιου γραψαι και απολυσαι· ⁵και αποκριθεις ο ι̅ς̅ ειπεν αυτοις· προς την σκληροκαρδιαν υμων επετρεψεν υμιν την εντολην ταυτην ⁶απο δε αρχης κτισεως αρσεν και θηλυ εποιησεν αυτους ο θ̅ς̅· ⁷ενεκεν τουτου καταλειψει α̅νο̅ς̅ τον π̅ρ̅α̅ αυτου [fol. 164]και την μ̅ρ̅α̅ και προσκολληθησεται προς την γυναικα αυτου ⁸και εσονται οι δυο εις σαρκα μιαν ωσ7ε ουκετι εισιν δυο αλλα σαρξ μια· ⁹ο ουν ο θ̅ς̅ συνεζευξεν α̅νο̅ς̅ μη χωριζετω·

¹⁰Και εν τη οικια παλιν οι μαθηται αυτου περι του αυτου επηρωτησαν αυτον·

¹¹Και λεγει αυτοις· ος εαν απολυση την γυναικα αυτου και γαμηση αλλην μοιχαται επ αυτη ¹²και εαν γυνη απολυση τον ανδρα αυτης και γαμηθη αλλω μοιχαται·

¹³Και προσεφερον αυτω παιδια ινα αψηται αυτων· οι δε μαθηται επετιμων τοις προσφερουσιν ¹⁴ιδων δε ο ι̅ς̅ ηγανακτησεν και ειπεν αυτοις· αφετε τα παιδια ερχεσθαι προς με και μη κωλυετε αυτα των γαρ τοιουτων εσ7ιν η βασιλεια του θ̅υ̅·

¹⁵Αμην λεγω υμιν ος εαν μη δεξηται την βασιλειαν του θ̅υ̅ ως παιδιον ου μη εισελθη εις αυτην· ¹⁶και εναγκαλισαμενος αυτα τιθεις τας χειρας επ αυτα ηυλογει αυτα·

¹⁷Και εκπορευομενου αυτου εις οδον προσδραμων εις και γονυπετησας αυτον επηρωτα αυτον· διδασκαλε αγαθε τι ποιησω ινα ζωην αιωνιον [fol. 165] κληρονομησω· ¹⁸ο δε ι̅ς̅ ειπεν αυτω· τι με λεγεις αγαθον ουδεις αγαθος ει μη ο θ̅ς̅ ¹⁹τας εντολας οιδας μη μοιχευσης μη φονευσης μη κλεψης μη ψευδομαρτυρησης μη αποσ7ερησης·τιμα τον π̅ρ̅α̅ σου και την μ̅ρ̅α̅· ²⁰ο δε αποκριθεις ειπεν αυτω· διδασκαλε ταυτα παντα εφυλαξαμην εκ νεοτητος μου· ²¹ο δε ι̅ς̅ εμβλεψας αυτω ηγαπησεν αυτον και ειπεν αυτω· εν σοι υσ7ερει·

Υπαγε οσα εχεις πωλησον και δος τοις π7ωχοις και εξεις θησαυρον εν ου̅ν̅ω̅ και δευρο ακολουθι μοι αρας τον σ7αυρον· ²²ο δε σ7υγνασας επι τω λογω απηλθεν λυπουμενος ην γαρ εχων κτηματα πολλα·

²³Και περιβλεψαμενος ο ιϲ λεγει τοις μαθηταις αυτου· πως δυσ-
κολως οι τα χρηματα εχοντες εις την βασιλειαν του θυ εισελευσον-
ται· ²⁴οι δε μαθηται εθαμβουντο επι τοις λογοις αυτου· ο δε ιϲ πα-
λιν αποκριθεις λεγει αυτοις· τεκνα πως δυσκολον εσλιν τους
πεποιθοτας επι τοις χρημασιν [fol. 166] εις την βασιλειαν του θυ
εισελθειν· ²⁵ευκοπωτερον εσλιν καμηλον δια της τρυμαλιας της ρα-
φιδος εισελθειν η πλουσιον εις την βασιλειαν του θυ εισελθειν·
²⁶οι δε περισσως εξεπλησσοντο λεγοντες προς εαυτους· και τις δυ-
ναται σωθηναι· ²⁷εμβλεψας δε αυτοις ο ιϲ λεγει· παρα ανοις αδυ-
νατον αλλ ου παρα τω θω· παντα γαρ δυνατα εσλιν παρα τω θω·

²⁸Ηρξατο ο πετρος λεγειν αυτω· ιδου ημεις αφηκαμεν παντα και
ηκολουθησαμεν σοι· ²⁹και αποκριθεις ο ιϲ ειπεν· αμην λεγω υμιν
ουδεις εσλιν ος αφηκεν οικιαν η αδελφους η αδελφας η μρα η πρα
η γυναικα η τεκνα η αγρους ενεκεν εμου και ενεκεν του ευαγγελιου
³⁰εαν μη λαβη εκατονταπλασιονα νυν εν τω καιρω τουτω οικιας και
αδελφους και αδελφας και μρας και τεκνα και αγρους μετα διωγμων
και εν τω αιωνι τω ερχομενω ζωην αιωνιον·

³¹Πολλοι δε εσονται πρωτοι εσχατοι και οι εσχατοι πρωτοι·

³²Ησαν δε εν τη οδω αναβαινοντες εις ιεροσολυμα και ην προα-
γων [fol. 167] αυτους ο ιϲ και εθαμβουντο και ακολουθουντες εφο-
βουντο·

Και παραλαβων παλιν τους ιβ' ηρξατο αυτοις λεγειν τα μελ-
λοντα αυτω συμβαινειν ³³οτι ιδου αναβαινομεν εις ιεροσολυμα και ο
υϲ του ανου παραδοθησεται τοις αρχιερευσιν και τοις γραμματευσιν
και κατακρινουσιν αυτον θανατω και παραδωσουσιν αυτον τοις εθ-
νεσιν· ³⁴και εμπαιξουσιν αυτω και μασλιγωσωσιν αυτον και εμπλυ-
σωσιν αυτω και αποκτενουσιν αυτον και τη τριτη ημερα ςναστησε-
ται· ³⁵και προσπορευονται αυτω ιακωβος και ιωαννης οι υϲ ζεβε-
δαιου λεγοντες· διδασκαλε θελομεν ινα ο εαν αιτησωμεν ποιησης
ημιν· ³⁶ο δε ιϲ ειπεν αυτοις· τι θελετε ποιησαι με·υμιν· ³⁷οι δε
ειπον αυτω· δος ημιν ινα ιϲ εκ δεξιων σου και ις εξ ευωνυμων σου
καθισωμεν εν τη δοξη σου· ³⁸ο δε ιϲ ειπεν αυτοις· ουκ οιδατε τι αι-
τισθε δυνασθε πειειν το ποτηριον ο εγω πεινω και το βαπλισμα ο
εγω βαπλιζομαι βαπλισθηναι· ³⁹οι δε ειπον αυτω δυναμεθα·

[Fol. 168] Ο δε ιϲ ειπεν αυτοις· το μεν ποτηριον ο εγω πεινω
πειεσθε και το βαπλισμα ο εγω βαπλιζομαι βαπλισθησεσθε ⁴⁰το

δε καθισαι εκ δεξιων μου και εξ ευωνυμων ουκ εσΊιν εμον δουναι αλλ
οις ητοιμασται υπο του π̅ρ̅ο̅ς̅ μου·

⁴¹Και ακουσαντες οι δεκα ηρξαντο αγανακτειν περι ιακωβου και
ιωαννου· ⁴²ο δε ι̅ς̅ προσκαλεσαμενος αυτους λεγει αυτοις· οιδατε
οτι οι δοκουντες αρχειν των εθνων κατακυριευουσιν αυτων και οι
μεγαλοι αυτων κατεξουσιαζουσιν αυτων· ⁴³ουχ ουτως δε εσΊαι εν
υμιν αλλ ος εαν θελη γενεσθαι μεγας εν υμιν εσΊαι υμων διακονος
⁴⁴και ος αν θελη υμων γενεσθαι πρωτος εσΊαι παντων δουλος·

⁴⁵Και γαρ ο υ̅ς̅ του α̅ν̅ο̅υ̅ ουκ ηλθεν διακονηθηναι αλλα διακονη-
σαι και δουναι την ψυχην αυτου λυτρον αντι πολλων·

⁴⁶Και ερχονται εις ιεριχω και εκπορευομενου αυτου απο ιεριχω
και των μαθητων αυτου και οχλου ικανου υ̅ς̅ τιμαιου βαρτιμαιος ο
τυφλος εκαθητο παρα την [fol. 169] οδον προσαιτων· ⁴⁷και ακου-
σας οτι ι̅ς̅ ο ναζωραιος εσΊιν ηρξατο κραζειν και λεγειν· ο υ̅ς̅ δ̅α̅δ̅
ι̅υ̅ ελεησον με· ⁴⁸και επετιμων αυτω πολλοι ινα σιωπηση ο δε
πολλω μαλλον εκραζεν· υ̅ε̅ δ̅α̅δ̅ ελεησον με· ⁴⁹και σΊας ο ι̅ς̅ ειπεν
αυτον φωνηθηναι και φωνουσιν τον τυφλον λεγοντες αυτω· θαρσι
εγιρε φωνει σε· ⁵⁰ο δε αποβαλων το ιματιον αυτου ανασΊας ηλθεν
προς τον ι̅υ̅·

⁵¹Και αποκριθεις λεγει αυτω ο ι̅ς̅· τι θελεις ποιησω σοι· ο δε
τυφλος ειπεν αυτω· ραββουνι ινα αναβλεψω· ⁵²ο δε ι̅ς̅ ειπεν αυτω·
υπαγε η πισΊις σου σεσωκεν σε· και ευθεως ανεβλεψεν και ηκολου-
θει τω ι̅υ̅ εν τη οδω·

[XI.] Και οτε ηγγιζουσιν εις ι̅λ̅η̅μ̅ εις βηθφαγη και βηθανιαν
προς το ορος των ελαιων αποσΊελλει δυο των μαθητων αυτου ²και
λεγει αυτοις· υπαγετε εις την κωμην την κατεναντι υμων και ευ-
θεως εισπορευομενοι εις αυτην ευρησετε πωλον δεδεμενον εφ ον
ουπω ουδεις α̅ν̅ω̅ν̅ κεκαθικεν· λυσαντες αυτον αγαγετε· ³και εαν τις
υμιν ειπη [fol. 170] τι ποιειτε τουτο ειπατε οτι ο κ̅ς̅ αυτου χριαν
εχει· και αποσΊελει αυτον ευθεως ωδε·

⁴Απηλθον δε και ευρον πωλον δεδεμενον προς την θυραν εξω
του αμφοδου και λυουσιν αυτον·

⁵Και τινες των εκει εσΊηκοτων ελεγον αυτοις· τι ποιιτε λυοντες
τον πωλον· ⁶οι δε ειπον αυτοις καθως ενετιλατο αυτοις ο ι̅ς̅ και
αφηκαν αυτους· ⁷και ηγαγον τον πωλον προς τον ι̅υ̅ και επεβαλον

αυτω τα ιματια αυτων και εκαθισεν επ αυτω· ⁸πολλοι δε τα ιματια
αυτων εσίρωσαν εις την οδον αλλοι δε σίοιβαδας εκοπίον εκ των
δενδρων και εσίρωννυον εις την οδον·

⁹Και οι προαγοντες και οι ακολουθουντες ελεγον κραζοντες·
ωσαννα ευλογημενος ο ερχομενος εν ονοματι κυ ¹⁰ευλογημενη η
ερχομενη βασιλεια εν ονοματι κυ του πρός ημων δαδ ωσαννα εν
τοις υψισίοις·

¹¹Και εισηλθεν εις ιεροσολυμα ο ις και εις το ιερον και περι-
ελεψαμενος παντα οψιας ηδη ουσης της ωρας εξηλθεν εις βηθανιαν
μετα των δωδεκα· ¹²και τη επαυριον εξελθοντων αυτων απο βηθα-
νιας επινα[fol. 171]σεν ¹³και ιδων συκην μακροθεν εχουσαν φυλλα
ηλθεν ει αρα τι ευρησει εν αυτη· και ελθων επ αυτην ουδεν ευρεν
ει μη φυλλα μονον ου γαρ ην ο καιρος συκων· ¹⁴και αποκριθεις
ειπεν αυτη· μηκετι εκ σου εις τον αιωνα μηδεις καρπον φαγοι·
και ηκουον οι μαθηται αυτου·

¹⁵Και ερχονται εις ιεροσολυμα και εισελθων ο ις εις το ιερον
ηρξατο εκβαλλειν τους πωλουντας και αγοραζοντας εν τω ιερω και
τας τραπεζας των κολλυβισίων και τας καθεδρας των πωλουντων
τας περισίερας κατεσίρεψεν ¹⁶και ουκ ηφιεν ινα τις διενεγκη
σκευος δια του ιερου· ¹⁷και εδιδασκεν λεγων αυτοις· ου γεγραπίαι
οτι ο οικος μου οικος προσευχης κληθησεται πασιν τοις εθνεσιν
υμεις δε εποιησατε αυτον σπηλαιον λησίων·

¹⁸Και ηκουσαν οι γραμματεις και οι αρχιερεις και εζητουν πως
αυτον απολεσωσιν· εφοβουντο γαρ αυτον οτι πας ο οχλος εξεπλησ-
σετο επι τη διδαχη αυτου·

¹⁹Και οτε οψε εγενετο εξεπορευετο εξω της πολεως· ²⁰και πρωι
παρα[fol. 172]πορευομενοι ιδον την συκην εξηραμμενην εκ ριζων
²¹και αναμνησθεις ο πετρος λεγει αυτω· ραββι ιδε η συκη ην κατ-
ηρασω εξηρανται·

²²Και αποκριθεις ο ις λεγει αυτοις· εχετε πισίιν θυ ²³αμην
γαρ λεγω υμιν οτι ος εαν ειπη τω ορει τουτω αρθητι και βληθητι
εις την θαλασσαν και μη διακριθη εν τη καρδια αυτου αλλα πι-
σίευση οτι α λεγει γινεται εσίαι αυτω ο εαν ειπη· ²⁴και δια τουτο
λεγω υμιν παντα οσα αν προσευχομενοι αιτισθε πισίευετε οτι
λαμβανετε και εσίαι υμιν·

²⁵Και οταν σίηκητε προσευχομενοι αφιετε ει τι εχετε κατα τι-

νος ινα. και ο π̅ρ̅ υμων ο εν τοις ο̅υ̅ν̅ο̅ι̅ς αφη υμιν τα παραπτω-
ματα υμων· ²⁶ει δε υμεις ουκ αφιετε ουδε ο π̅ρ̅ υμων ο εν τοις
ο̅υ̅ν̅ο̅ι̅ς αφησει τα παραπτωματα υμων·

²⁷Και ερχονται εις ιεροσολυμα και εν τω ιερω περιπατουντος
αυτου ερχονται προς αυτον οι αρχιερεις και οι γραμματεις και οι
πρεσβυτεροι ²⁸και λεγουσιν αυτω· εν ποια εξουσια ταυτα ποιεις
και τις σοι την εξουσιαν ταυτην [fol. 173] εδωκεν ινα ταυτα
ποιης· ²⁹ο δε ι̅ς̅ αποκριθεις ειπεν αυτοις· επερωτησω υμας καγω
ενα λογον και αποκριθητε μοι και ερω υμιν εν ποια εξουσια ταυτα
ποιω· ³⁰το βαπτισμα ιωαννου ποθεν εν εξ ο̅υ̅ν̅ο̅υ̅ η εξ α̅ν̅ω̅ν̅· απο-
κριθητε μοι· ³¹και ελογιζοντο προς εαυτους λεγοντες τι ειπωμεν·
εαν ειπωμεν εξ ο̅υ̅ν̅ο̅υ̅ ερει· διατι ουν ουκ επιστευσατε αυτω· ³²αλλ᾽
ειπωμεν εξ α̅ν̅ω̅ν̅ εφοβουντο τον οχλον· απαντες γαρ ειχον τον ιω-
αννην οτι οντως προφητης ην· ³³και αποκριθεντες λεγουσιν τω ι̅υ̅·
ουκ οιδαμεν· και αποκριθεις ο ι̅ς̅ λεγει αυτοις· ουδε εγω λεγω υμιν
εν ποια εξουσια ταυτα ποιω·

[XII.] Και ηρξατο αυτοις εν παραβολαις λεγειν· αμπελωνα α̅ν̅-
ο̅ς̅ εφυτευσεν και περιεθηκεν φραγμον και ωρυξεν υποληνιον και
ωκοδομησεν πυργον και εξεδοτο αυτον γεωργοις και απεδημησεν·

²Και απεστιλεν προς τους γεωργους τω καιρω δουλον ινα παρα
των γεωργων λαβη απο του καρπου του αμπελωνος ³οι δε λαβοντες
αυτον εδιραν και απεστιλαν κενον· [fol. 174] ⁴και παλιν απεστι-
λεν προς αυτους αλλον δουλον κακεινον λιθοβολησαντες εκεφαλαιω-
σαν. και απεστιλαν ητιμωμενον· ⁵και παλιν αλλον απεστιλεν
κακεινον απεκτιναν και πολλους αλλους ους μεν δεροντες τους δε
αποκτενοντες· ⁶ετι ουν ενα υ̅ν̅ εχων αγαπητον αυτου απεστιλεν και
αυτον προς αυτους εσχατον λεγων οτι εντραπησονται τον υ̅ν̅ μου·
⁷εκεινοι δε οι γεωργοι ειπον προς εαυτους· οτι ουτος εστιν ο κλη-
ρονομος δευτε αποκτινωμεν αυτον και ημων εσται η κληρονομια·
⁸και λαβοντες αυτον απεκτιναν και εξεβαλον αυτον εξω του αμπε-
λωνος· ⁹τι ουν ποιησει ο κ̅ς̅ του αμπελωνος· ελευσεται και απο-
λεσει τους γεωργους και δωσει τον αμπελωνα αλλοις· ¹⁰ουδε την
γραφην ταυτην ανεγνωτε λιθον ον απεδοκιμασαν οι οικοδομουντες

XII, ⁶ους] pro τους, culpa videtur scribae.

ουτος εγενηθη εις κεφαλην γωνιας· ¹¹παρα κ̅υ̅ εγενετο αυτη και
εσ̅τ̅ιν θαυμασ̅τ̅η εν οφθαλμοις ημων·

¹²Και εζητουν αυτον κρατησαι και εφοβηθησαν τον οχλον εγνω-
σαν γαρ [fol. 175] οτι προς αυτους την παραβολην ειπεν και
αφεντες αυτον απηλθον·

¹³Και αποσ̅τ̅ελλουσιν προς αυτον τινας των φαρισαιων και των
ηρωδιανων ινα αυτον αγρευσωσιν λογω· ¹⁴οι δε ελθοντες λεγουσιν
αυτω· διδασκαλε οιδαμεν οτι αληθης ει και ου μελει σοι περι ου-
δενος· ου γαρ βλεπεις εις προσωπον α̅ν̅ω̅ν̅ αλλ επ αληθειας την
οδον του θ̅υ̅ διδασκεις· ειπον ουν ημιν εξεσ̅τ̅ιν κηνσ̅ο̅ καισαρι δου-
ναι η ου· δωμεν η μη δωμεν· ¹⁵ο δε ειδως αυτων την υποκρισιν ειπεν
αυτοις· τι με πειραζετε φερετε μοι δηναριον ινα ιδω· ¹⁶οι δε ηνεγ-
καν και λεγει αυτοις· τινος.η εικων αυτη και η επιγραφη· οι δε
ειπον αυτω καισαρος·

¹⁷Και αποκριθεις ο ι̅σ̅ ειπεν αυτοις· αποδοτε τα καισαρος και-
σαρι και τα του θ̅υ̅ τω θ̅ω̅· και εθαυμασαν επ αυτω·

¹⁸Και ερχονται σαδδουκαιοι προς αυτον οιτινες λεγουσιν ανα-
σ̅τ̅ασιν μη ειναι και επηρωτησαν αυτον λεγοντες· ¹⁹διδασκαλε μω-
σης εγραψεν ημιν οτι εαν τινος αδελφος αποθανη και κατα-
[fol. 176]λιπη γυναικα και τεκνα μη αφη ινα λαβη ο αδελφος
αυτου την γυναικα αυτου και εξαναστ̅ηση σπερμα τω αδελφω
αυτου· ²⁰επ̅τ̅α αδελφοι ησαν και ο πρωτος ελαβεν γυναικα και
αποθνησκων ουκ αφηκεν σπερμα· ²¹και ο δευτερος ελαβεν αυτην
και απεθανεν και ουδε αυτος αφηκεν σπερμα και ο τριτος ωσαυ-
τως· ²²και ελαβον αυτην οι επ̅τ̅α και ουκ αφηκαν σπερμα· εσχατη
παντων απεθανεν και η γυνη· ²³εν τη αναστ̅ασει οταν αναστ̅ωσιν
τινος αυτων εσ̅τ̅αι γυνη οι γαρ επ̅τ̅α εσχον αυτην γυναικα·

²⁴Και αποκριθεις ο ι̅σ̅ ειπεν αυτοις· ου δια τουτο πλανασθε μη
ειδοτες τας γραφας μηδε την δυναμιν του θ̅υ̅· ²⁵οταν γαρ εκ νεκρων
αναστ̅ωσιν ουτε γαμουσιν ουτε γαμισκονται αλλ εισιν ως αγγελοι
οι εν τοις ο̅υ̅νο̅ι̅ς̅·

²⁶Περι δε των νεκρων οτι εγιρονται ουκ ανεγνωτε εν τη βιβλω
μωσεως επι του βατου ως ειπεν αυτω ο θ̅σ̅ λεγων· εγω ο θ̅σ̅
αβρααμ και ο θ̅σ̅ ισαακ και ο θ̅σ̅ ιακωβ· ²⁷ουκ εσ̅τ̅ιν θ̅σ̅ νεκρων
αλλα θ̅σ̅ ζωντων· υμεις ουν πολυ πλανασθε·

²⁸Και προσελθων εις των γραμματ[fol. 177]εων ακουσας αυτων

συνζητουντων ιδων οτι καλως αυτοις απεκριθη επηρωτησεν αυτον
ποια εσ7ιν πρωτη παντων εντολη· 29ο δε ιϲ απεκριθη αυτω οτι
πρωτη παντων εντολη· ακουε ιηλ κϲ ο θϲ ημων κϲ ιϲ εσ7ιν 30και
αγαπησεις κν τον θν σου εξ ολης της καρδιας σου και εξ ολης της
ψυχης σου και εξ ολης της διανοιας σου και εξ ολης της ισχυος
σου· αυτη πρωτη παντων εντολη· 31και δευτερα ομοια αυτη·
αγαπησεις τον πλησιον σου ως σεαυτον· μειζων τουτων αλλη
εντολη ουκ εσ7ιν·

32Και ειπεν αυτω ο γραμματευς· καλως διδασκαλε επ αληθειας
ειπας οτι ιϲ εσ7ιν και ουκ εσ7ιν αλλος πλην αυτου· 33και το αγα-
παν αυτον εξ ολης της καρδιας και εξ ολης της συνεσεως και εξ ολης
της ψυχης και εξ ολης της ισχυος και το αγαπαν τον πλησιον ως
εαυτον πλειον εσ7ιν παντων των ολοκαυτωματων και θυσιων·
34και ο ιϲ ιδων αυτον οτι νουνεχως απεκριθη ειπεν αυτω· ου μα-
κραν ει απο της βασιλειας του θυ·

Και ουδεις ουκετι ετολμα [fol. 178] αυτον επερωτησαι 35και
αποκριθεις ο ιϲ ελεγεν διδασκων εν τω ιερω· πως λεγουσιν οι
γραμματεις οτι ο χϲ υϲ εσ7ιν δαδ 36αυτος γαρ δαδ ειπεν εν τω
πνι αγιω· λεγει ο κϲ τω κω μου· καθου εκ δεξιων μου εως αν θω
τους εχθρους σου υποποδιον των ποδων σου· 37αυτος ουν δαδ καλει
αυτον κν και ποθεν υϲ αυτου εσ7ιν· και ο πολυς οχλος ηκουεν αυτου
ηδεως·

38Και ελεγεν αυτοις εν τη διδαχη αυτου· βλεπετε απο των
γραμματεων των θελοντων εν σ7ολαις περιπατειν και ασπασμους
εν ταις αγοραις ποιεισθαι 39και πρωτοκαθεδριας εν ταις συναγω-
γαις και πρωτοκλισιας εν τοις δειπνοις· 40οι κατεσθιοντες τας οι-
κιας των χηρων και προφασει μακρα προσευχομενοι· ουτοι λη-
ψονται περισσοτερον κριμα·

41Και καθισας ο ιϲ κατεναντι του γαζοφυλακιου εθεωρει πως ο
οχλος βαλλει χαλκον εις το γαζοφυλακιον· και πολλοι πλουσιοι
εβαλλον πολλα 42και ελθουσα μια χηρα πτωχη εβαλεν λεπ7α δυο
ο εσ7ιν κοδραντης· 43και προσκαλε[fol. 179]σαμενος τους μαθη-
τας αυτου λεγει αυτοις· αμην λεγω υμιν οτι η χηρα η πτωχη αυτη
πλειον παντων βεβληκεν των βαλοντων εις το γαζοφυλακιον·
44παντες γαρ εκ του περισσευοντος αυτοις εβαλον αυτη δε εκ της
υσ7ερησεως αυτης παντα οσα ειχεν εβαλεν ολον τον βιον αυτης·

9

[XIII.] Και εκπορευομενου αυτου εκ του ιερου λεγει αυτω ις των μαθητων αυτου· διδασκαλε ιδε ποταποι λιθοι και ποταπαι οικοδομαι·

²Και ο ι̅ς̅ αποκριθεις ειπεν αυτω· βλεπεις ταυτας τας μεγαλας οικοδομας ου μη αφεθη λιθος επι λιθω ος ου μη καταλυθη· ³και καθημενου αυτου εις το ορος των ελαιων κατεναντι του ιερου επηρωτων αυτον κατ ιδιαν πετρος και ιακωβος και ιωαννης και ανδρεας· ⁴ειπε ημιν ποτε ταυτα εσλαι και τι το σημειον οταν μελλη παντα ταυτα συντελισθαι· ⁵ο δε ιι̅ς̅ αποκριθεις αυτοις ηρξατο λεγειν· βλεπετε μη τις υμας πλανηση ⁶πολλοι γαρ ελευσονται επι τω ονοματι μου λεγοντες [fol. 180] οτι εγω ειμι και πολλους πλανησουσιν· ⁷οταν δε ακουσητε πολεμους και ακοας πολεμων μη θροισθε δει γαρ γενεσθαι αλλ ουπω το τελος· ⁸εγερθησεται γαρ εθνος επ εθνος και βασιλεια επι βασιλειαν και εσονται σισμοι κατα τοπους και εσονται λιμοι και ταραχαι·

⁹Βλεπετε δε υμεις εαυτους· παραδωσωσιν γαρ υμας εις συνεδρια και εις συναγωγας δαρησεσθε και επι ηγεμονων και βασιλεων σλαθησεσθε ενεκεν εμου εις μαρτυριον αυτοις ¹⁰και εις παντα τα εθνη δει πρωτον κηρυχθηναι το ευαγγελιον.

¹¹Οταν δε αγωσιν υμας παραδιδοντες μη προμεριμνατε τι λαλησητε μηδε μελετατε· αλλ ο εαν δοθη υμιν εν εκεινη τη ωρα τουτο λαλιτε· ου γαρ υμεις εσλε οι λαλουντες αλλα το πν̅α̅ το αγιον· ¹²παραδωσει δε αδελφος αδελφον εις θανατον και πη̅ρ̅ τεκνον και επανασλη. . .νται τεκνα επι γονεις και θανατωσουσιν αυτους ¹³και εσεσθε μισουμενοι υπο παντων δια το ονομα μου· ο δε υπομεινας εις τελος ουτος σω[fol. 181]θησεται· ¹⁴οταν δε ιδητε το βδελυγμα της ερημωσεως το ρηθεν δια δανιηλ του προφητου εσλος οπου ου δει ο αναγινωσκων νοιτω·

Τοτε οι εν τη ιουδαια φευγετωσαν εις τα ορη ¹⁵ο δε επι του δωματος μη καταβατω εις την οικιαν μηδε εισελθετω αραι τι εκ της οικιας αυτου· ¹⁶και ο εις τον αγρον ων μη επισλρεψατω εις τα οπισω αραι το ιματιον αυτου· ¹⁷ουαι δε ταις εν γασλρι εχουσαις και ταις θηλαζουσαις εν εκειναις ταις ημεραις·

¹⁸Προσευχεσθε δε ινα μη γενηται η φυγη υμων χειμωνος ¹⁹εσονται γαρ αι ημεραι εκειναι θλιψεις οιαι ου γεγοναν ουδε ποτε τοιαυται απ αρχης κτισεως ης εκτισεν ο θ̅ς̅ εως του νυν και ου μη γενηται·

²⁰Και ει μη κς εκολοβωσεν τας ημερας ουκ αν εσωθη πασα σαρξ· αλλα δια τους εκλεκτους ους εξελεξατο εκολοβωσεν τας ημερας·

²¹Και τοτε εαν τις υμιν ειπη ιδου ωδε ο χς η ιδου εκει μη πισ]ευσητε· ²²εγερθησονται γαρ ψευδοχρισ]οι και ψευδοπρο-[fol. 182]φηται και δωσιν σημεια και τερατα προς το αποπλαναν ει δυνατον και τους εκλεκτους· ²³υμεις δε βλεπετε ιδου προειρηκα υμιν απαντα·

²⁴Αλλ εν εκειναις ταις ημεραις μετα την θλιψιν εκεινην ο ηλιος σκοτισθησεται και η σεληνη ου δωσει το φεγγος αυτης ²⁵και οι ασ]ερες του ουνου εσονται εκπιπ]οντες και αι δυναμεις αι εν τοις ουνοις σαλευθησονται·

²⁶Και τοτε οψονται τον υν του ανου ερχομενον εν νεφελαις μετα δυναμεως πολλης και δοξης· ²⁷και τοτε αποσ]ελει τους αγγελους αυτου και επισυναξει τους εκλεκτους αυτου εκ των τεσσαρων ανεμων απ ακρου της γης εως ακρου ουνου· ²⁸απο δε της συκης μαθετε την παραβολην· οταν ο κλαδος αυτης ηδη απαλος γενηται και εκφυη τα φυλλα γινωσκετε οτι εγγυς το θερος εσ]ιν· ²⁹ουτως και υμεις οταν ταυτα ιδητε γινομενα γινωσκετε οτι εγγυς εσ]ιν επι θυραις· ³⁰αμην λεγω υμιν οτι ου μη παρελθη η γενεα αυτη μεχρις ου παντα ταυτα γενηται· ³¹ο ουνος και η γη παρελευσεται οι δε λογοι μου ου μη παρελθωσιν·

[Fol. 183.] ³²Περι δε της ημερας εκεινης η ωρας ουδεις οιδεν ουδε οι αγγελοι οι εν ουνω ουδε ο υς ει μη ο πηρ μονος·

³³Βλεπετε αγρυπνιτε και προσευχεσθε ουκ οιδατε γαρ ποτε ο καιρος εσ]ιν· ³⁴ως ανος αποδημος αφεις την οικιαν αυτου και δους τοις δουλοις αυτου την εξουσιαν και εκασ]ω το εργον αυτου και τω θυρωρω ενετιλατο ινα γρηγορη·

³⁵Γρηγοριτε ουν ουκ οιδατε γαρ ποτε ο κς της οικιας ερχεται οψε η μεσονυκτιου η αλεκτοροφωνιας η πρωι ³⁶μη ελθων εξαιφνης ευρη υμας καθευδοντας· ³⁷α δε υμιν λεγω πασιν λεγω γρηγοριτε·

[XIV.] Ην δε το πασχα και τα αζυμα μετα δυο ημερας·

Και εξητουν οι αρχιερεις και οι γραμματεις πως αυτον εν δολω κρατησαντες αποκτινωσιν· ²ελεγον δε μη εν τη εορτη μηποτε θορυβος εσ]αι του λαου·

³Και οντος αυτου εν βηθανια εν οικια σιμωνος του λεπρου κατα-
κειμενου αυτου ηλθεν γυνη εχουσα αλαβασ]ρον μυρου ναρδου πι-
σ]ικης πολυτελους και συντρι[fol. 184]ψασα το αλαβασ]ρον κατ-
εχεεν αυτου κατα της κεφαλης· ⁴ησαν δε τινες αγανακτουντες
προς εαυτους και λεγοντες· εις τι η απωλεια αυτη του μυρου γε-
γονεν ⁵ηδυνατο γαρ τουτο το μυρον πραθηναι επανω τριακοσιων
δηναριων και δοθηναι τοις πτωχοις και ενεβριμωντο αυτη·

⁶Ο δε ι̅ς̅ ειπεν· αφετε αυτην τι αυτη κοπους παρεχετε· καλον
εργον ειργασατο εν εμοι· ⁷παντοτε γαρ τους πτωχους εχετε μεθ
εαυτων και οταν θελητε δυνασθε αυτους ευ ποιησαι εμε δε ου
παντοτε εχετε· ⁸ο ειχεν αυτη εποιησεν προελαβεν μυρισαι μου
το σωμα εις τον ενταφιασμον· ⁹αμην δε λεγω υμιν οπου αν κη-
ρυχθη το ευαγγελιον τουτο εις ολον τον κοσμον και ο εποιησεν
αυτη λαληθησεται εις μνημοσυνον αυτης·

¹⁰Και ιουδας ο ισκαριωτης ι̅ς̅ των δωδεκα απηλθεν προς τους
αρχιερεις ινα παραδω αυτον αυτοις· ¹¹οι δε ακουσαντες εχαρησαν
και επηγγιλαντο αυτω δουναι αργυριον και εζητει πως ευκαιρως
αυτον πα[fol. 185]ραδω· ¹²και τη πρωτη ημερα των αζυμων οτε
το πασχα εθυον λεγουσιν αυτω οι μαθηται αυτου· που θελεις
απελθοντες ετοιμασωμεν ινα φαγης το πασχα· ¹³και αποσ]ελλει
δυο των μαθητων αυτου και λεγει αυτοις· υπαγετε εις την πολιν
και απαντησει υμιν αν̅ο̅ς̅ κεραμιον υδατος βασ]αζων ακολουθησατε
αυτω ¹⁴και οπου εαν εισελθη ειπατε τω οικοδεσποτη οτι ο διδασ-
καλος λεγει· που εσ]ιν το καταλυμα οπου το πασχα μετα των
μαθητων μου φαγω· ¹⁵και αυτος υμιν διξη αναγεον μεγα εσ]ρωμενον
ετοιμον εκει ετοιμασατε υμιν· ¹⁶και εξηλθον οι μαθηται αυτου και
ηλθον εις την πολιν και ευρον καθως ειπεν αυτοις και ητοιμασαν
το πασχα·

¹⁷Και οψιας γενομενης ερχεται μετα των δωδεκα ¹⁸και ανα-
κειμενων αυτων και αισθιοντων ειπεν ο ι̅ς̅· αμην λεγω υμιν οτι ις
εξ υμων παραδωσει με ο αισθιων μετ εμου· ¹⁹οι δε ηρξαντο λυ-
πεισθαι και λεγειν αυτω [fol. 186] ις καθ ις· μη τι εγω· και αλ-
λος μη τι εγω· ²⁰ο δε αποκριθεις ειπεν αυτοις ις εκ των ι̅β̅· ο εμ-
βαπ]ομενος μετ εμου εις το τρυβλιον· ²¹ο μεν ι̅ς̅ του αν̅ο̅υ̅ υπαγει
καθως γεγραπ]αι περι αυτου ουαι δε τω αν̅ο̅υ̅ εκεινω δι ου ο υ̅ς̅
του αν̅ο̅υ̅ παραδιδοται·

Καλον ην αυτω ει ουκ εγεννηθη ο α̅ν̅ο̅ς̅ εκεινος·

²²Και αισθιοντων αυτων λαβων ο ι̅ς̅ αρτον ευλογησας εκλασεν και εδωκεν αυτοις και ειπεν· λαβετε τουτο εσ̅τ̅ιν το σωμα μου·

²³Και λαβων το ποτηριον ευχαρισ̅τ̅ησας εδωκεν αυτοις και επειον εξ αυτου παντες· ²⁴και ειπεν αυτοις· τουτο εσ̅τ̅ιν το αιμα μου το της καινης διαθηκης το περι πολλων εκχυνομενον·

²⁵Αμην λεγω υμιν οτι ουκετι ου μη πειω εκ του γεννηματος της αμπελου εως της ημερας εκεινης οταν αυτο πεινω καινον εν τη βα-σιλεια του Θ̅υ̅·

²⁶Και υμνησαντες εξηλθον εις το ορος των ελαιων·

²⁷Και λεγει αυτοις ο ι̅ς̅ οτι παντες σκανδαλισθησεσθε εν εμοι εν τη νυκτι ταυτη· οτι γεγραπ̅τ̅αι· παταξω τον [fol. 187] ποι-μενα και διασκορπισθησεται τα προβατα· ²⁸αλλα μετα το εγερθη-ναι με προαξω υμας εις την γαλιλαιαν·

²⁹Ο δε πετρος εφη αυτω· και ει παντες σκανδαλισθησονται αλλ ουκ εγω·

³⁰Και λεγει αυτω ο ι̅ς̅· αμην λεγω σοι οτι σημερον εν τη νυκτι ταυτη πριν η δις αλεκτορα φωνησαι τρις απαρνηση με·

³¹Ο δε πετρος εκ περισσου ελεγεν μαλλον· εαν με δεη συναπο-θανειν σοι ου μη σε απαρνησομαι ωσαυτως δε και παντες ελεγον·

³²Και ερχονται εις χωριον ου το ονομα γεθσημανη.

Και λεγει τοις μαθηταις· καθισατε ωδε εως προσευξωμαι· ³³και παραλαμβανει τον πετρον και ιακωβον και ιωαννην μεθ εαυτου και ηρξατο εκθαμβεισθαι και αδημονειν ³⁴και λεγει αυτοις· περιλυπος εσ̅τ̅ιν η ψυχη μου εως θανατου μεινατε ωδε και γρηγοριτε·

³⁵Και προελθων μικρον επεσεν επι της γης και προσηυχετο ινα ει δυνατον εσ̅τ̅ιν παρελθη απ αυτου η ωρα ³⁶και ελεγεν· αββα ο π̅η̅ρ̅ παντα [fol. 188] δυνατα σοι· παρενεγκε το ποτηριον τουτο απ εμου· αλλ ου τι εγω θελω αλλ ει τι συ·

³⁷Και ερχεται και ευρισκει αυτους καθευδοντας και λεγει τω πετρω· σιμων καθευδεις ουκ ισχυσας μιαν ωραν γρηγορησαι· ³⁸γρηγοριτε και προσευχεσθε ινα μη εισελθητε εις πειρασμον·

Το μεν π̅ν̅α̅ προθυμον η δε σαρξ ασθενης·

³⁹Και παλιν απελθων προσηυξατο τον αυτον λογον ειπων· ⁴⁰και υποσ̅τ̅ρεψας ευρεν αυτους παλιν καθευδοντας· ησαν γαρ αυ-των οι οφθαλμοι βεβαρημενοι και ουκ ηδεισαν τι αυτω αποκριθωσιν·

⁴¹Και ερχεται το τριτον και λεγει αυτοις· καθευδετε το λοιπον και αναπαυεσθε απεχει το τελος ηλθεν η ωρα ιδου παραδιδοται ο υ̅ς του α̅ν̅ο̅υ̅ εις τας χειρας των αμαρτωλων· ⁴²εγειρεσθε αγωμεν ιδου ο παραδιδους με ηγγικεν·

⁴³Και ευθεως ετι αυτου λαλουντος παραγινεται ιουδας ο ισκαριωτης ις των ιβ΄ και μετ αυτου οχλος πολυς μετα μαχαιρων και ξυλων παρα των αρχιερεων και των γραμματεων και των [fol. 189] πρεσβυτερων·

⁴⁴Δεδωκει δε ο παραδιδους αυτον συσσημον αυτοις λεγων· ον αν φιλησω αυτος εστιν κρατησατε αυτον και απαγαγετε αυτον ασφαλως· ⁴⁵και ελθων ευθεως προσελθων αυτω λεγει αυτω χαιρε ραββι και κατεφιλησεν αυτον· ⁴⁶οι δε επεβαλον επ αυτον τας χειρας αυτων και εκρατησαν αυτον· .

⁴⁷Ις δε τις των παρεστηκοτων σπασαμενος την μαχαιραν επαισεν τον δουλον του αρχιερεως και αφειλεν αυτου το ωτιον·

⁴⁸Και αποκριθεις ο ι̅ς ειπεν αυτοις· ως επι ληστην εξηλθετε μετα μαχαιρων και ξυλων συλλαβειν με· ⁴⁹καθ ημεραν ημην προς υμας εν τω ιερω διδασκων και ουκ εκρατησατε με αλλ ινα πληρωθωσιν αι γραφαι των προφητων·

⁵⁰Και αφεντες αυτον παντες εφυγον· ⁵¹και ις τις νεανισκος ηκολουθει αυτω περιβεβλημενος σινδονα επι γυμνου και κρατουσιν αυτον οι νεανισκοι· ⁵²ο δε καταλιπων την σινδονα γυμνος εφυγεν απ αυτων·

⁵³Και απηγαγον τον ι̅ν̅ προς τον αρχιερεα [fol. 190] και συνερχονται αυτω παντες οι αρχιερεις και οι πρεσβυτεροι και οι γραμματεις·

⁵⁴Και ο πετρος απο μακροθεν ηκολουθησεν αυτω. εως εσω εις την αυλην του αρχιερεως και ην συγκαθημενος μετα των υπηρετων και θερμαινομενος προς το φως· ⁵⁵οι δε αρχιερεις και ολον το συνεδριον εζητουν κατα του ι̅υ̅ μαρτυριαν εις το θανατωσαι αυτον και ουχ ευρισκον ⁵⁶πολλοι γαρ εψευδομαρτυρουν κατ αυτου και ισαι αι μαρτυριαι ουκ ησαν·

⁵⁷Και τινες ανασταντες εψευδομαρτυρουν κατ αυτου λεγοντες ⁵⁸οτι ημεις ηκουσαμεν αυτου λεγοντος οτι εγω καταλυσω τον ναον τουτον τον χειροποιητον και δια τριων ημερων αλλον αχειροποιητον οικοδομησω· ⁵⁹και ουδε ουτως ιση ην η μαρτυρια αυτων·

⁶⁰Και αναϲϊας ο αρχιερευς εις το μεσον επηρωτησεν τον ιν λε-
γων· ουκ αποκρινη ουδεν τι ουτοι σου καταμαρτυρουσιν· ⁶¹ο δε
εσιωπα και ουδεν απεκρινατο· παλιν ο αρχιερευς επηρωτησεν αυ-
τον εκ δευτερου λεγων συ ει ο υς του ευλογητου·
⁶²Ο δε ιϲ ειπεν εγω***

---

⁶² εγω . . .] explicit fol. 190; reliqua desiderantur.

APPENDICES.

N° 1.

Extrait de l'opuscule de M. Alexoudis intitulé : Σύντομος ἱστορικὴ περιγραφὴ τῆς ἱερᾶς μητροπόλεως Βελεγράδων... Corfou, 1868; 1 vol. in-8° de IV-160 pages. — Pages 113-115 :

Κεφάλαιον ἔννατον. — Ἱερὰ βιβλία ἐν μεμβράναις χειρόγραφα.

(Α'.) — Ἓν ἱερὸν Εὐαγγέλιον εὑρισκόμενον ἐν τῇ κατὰ τὴν συνοικίαν Κάστρου Βερατίου ἱερᾷ ἐκκλησίᾳ τοῦ Εὐαγγελισμοῦ τῆς Θεοτόκου, πιστευόμενον καὶ τιμώμενον ὑπὸ πάντων τῶν κατοίκων Χριστιανῶν, ἀρχαίᾳ διαδοχικῇ παραδόσει, ὡς ἰδιόχειρον τοῦ ἐν ἁγίοις πατρὸς ἡμῶν Ἰωάννου ἀρχιεπισκόπου Κωνσταντινουπόλεως τοῦ Χρυσοστόμου, ἐν τῇ μνήμῃ τοῦ ὁποίου (Ἰανουαρ. 27), ἀρχιερατικῆς λειτουργίας καὶ πανηγύρεως τελουμένης, ἐκτίθεται τοῦτο ἐν τῇ ἱερᾷ ἐκκλησίᾳ ἐκείνῃ εἰς προσκύνησιν, ἀσπαζόμενον ὑπὸ πάντων τῶν πανταχόθεν συρρεόντων εὐλογημένων Χριστιανῶν μετ' ἄκρας εὐλαβείας, τιμῆς καὶ σεβασμοῦ.

Τοῦ ἱεροῦ τούτου εὐαγγελίου τὰ στοιχεῖα τῶν λέξεων εἰσὶ χρυσογεγραμμένα, ὡσαύτως καὶ τὰ ἀρκτικὰ γράμματα, ἅτινα πάντα εἰσὶ κεφαλαιώδη, τὰ δὲ τέσσαρα ἐν αὐτῷ περιεχόμενα εὐαγγέλια κοσμοῦνται ἔχοντα προτεταγμένην ἐν ἀρχῇ τὴν εἰκόνα τοῦ οἰκείου εὐαγγελιστοῦ χρυσοεζωγραφισμένην.

(Β'.) — Ἕτερον πανάρχαιον Εὐαγγέλιον περιέχον τὸ κείμενον τῶν δύο εὐαγγελιστῶν Ματθαίου καὶ Μάρκου εὑρίσκεται ἐν τῇ ἐκκλησίᾳ ἁγίου Γεωργίου τῆς αὐτῆς συνοικίας· αἱ λέξεις τοῦ κειμένου εἰσὶν ἀργυρογεγραμμέναι ἐπὶ περγαμηνῆς χρώματος βυσσινοειδοῦς βαθέος, τὰ δὲ ἀρκτικὰ τούτων γράμματα ὑπάρχουσι κεχαραγμένα ἐκ χρυσοῦ καὶ ἀργύρου στρογγύλα. [Et en note : Ἐπὶ

τῆς ἑτέρας τῶν δύο πλακῶν ὑπάρχει γεγραμμένη γράμμασιν ἐπο-
χῆς ἀρχαίας ἡ ἑξῆς εἴδησις· «Βλέπετε οἱ ὁρῶντες τοῦ ἁγίου Ἰω-
άννου τοῦ Χρυσοσλόμου οἰκειόχειρα γράμματα τοῦ παρόντος τού-
του εὐαγγελίου, ὄντος αὐτοῦ εἰς Ἀντιόχειαν τὴν αὐτοῦ πατρίδα,
ὑπάρχοντος αὐτοῦ διακόνου τοῦ εὐαγγελίου. Μέχρι γοῦν τῶν ἡμερῶν
αὐτοῦ ἐγράφοντο παρὰ πολλῶν τὰ λυτὰ γράμματα[1], πλὴν δὲν
ἔφθασεν ἵνα τονίσῃ τὰς δυνάμεις τῶν γραμμάτων διὰ χρυσῶν ση-
μείων, ἤγουν ὀξείας, βαρείας, περισπωμένας, δασείας καὶ ψιλάς.
Ἐπειδὴ γοῦν κομμάτια ἦσαν τὰ τέσσαρα εὐαγγέλια, τὸ γοῦν πα-
ρὸν εὐαγγέλιον Ματθαίου καὶ Μάρκου ἐσλὶν, ὁ δὲ Λουκᾶς καὶ Ἰω-
άννης ἐχάθη τὸ τοιοῦτον κομμάτιον· ὁ γὰρ κτήτωρ Θεολόγου ἔφερε
ταῦτα ἐν τῇ μονῇ αὐτοῦ ἕνεκεν θέας καὶ θαύματος μόνον εἰς τιμὴν
τοῦ ἁγίου Χρυσοσλόμου καὶ εἰς ἔνδειξιν τοῦ πόθοῦ αὐτοῦ, ὃν εἶχε
πρὸς τὸν Χρισλὸν· ἡ δὲ κατάλυσις τοῦ παρόντος εὐαγγελίου γέ-
γονεν οὖν κᾄποτ' ὅτε ἐκούρσευσαν τοῦ Θεολόγου βιβλία Φράγγοι
λεγόμενοι Καμπανέσιοι. Ὁρᾶτε βαφὴν τῶν χαρτίων ἐξαίσιον, ἀλλὰ
καὶ τὴν εὐμόρφωσιν τῶν γραμμάτων· Ἀλλὰ καὶ τὸ εὐαγγέλιον τοῦ
Θεολόγου τὸ γραφὲν ἐν τῇ Ι...ῑμῳ λυτὰ εἰσὶ τὰ τούτου γράμματα
καθὼς τοῦτο ἑώρακα οἰκείοις ἐμοῦ ὀφθαλμοῖς ἐν τῇ Ἐφέσῳ».]

(Γʹ.) — Ὅμοιον χειρόγραφον ἐν μεμβράναις εὐαγγέλιον μέγα
καὶ ὀγκῶδες, ἀμφοτέρας τὰς πλάκας ἔχον περικεκαλυμμένας δι'
ἀργύρου περιχρύσου, καθὼς καὶ τὰ ἄνω σημειωθέντα δύο, ὑπάρ-
χει κτῆμα τοῦ καθεδρικοῦ ναοῦ τῆς καθ' ἡμᾶς μητροπόλεως Βελε-
γράδων[2]. Ἐν τῇ ἰδίᾳ ἐκκλησίᾳ ταύτῃ εὑρίσκεται καὶ ἕτερον εὐαγ-
γέλιον ἐπὶ περγαμηνῆς γεγραμμένον εἰς σχῆμα μικρόν.

(Δʹ.) — Ὡσαύτως καὶ ἕτερα δύο εὐαγγέλια γεγραμμένα διὰ
χειρὸς ἐπὶ περγαμηνῆς λευκῆς μικρὰ σώζονται ἐν τῇ ἐκκλησίᾳ τῆς
συνοικίας Μαγκαλεμίου.

[1] J'imagine qu'il faut lire λυτὰ τὰ γράμματα. Remarquez dans ce qui suit
l'emploi de ἐσλὶν et de εἰσίν qui est archaïque, de même que la violente anaco-
luthe de l'avant-dernière ligne : τὸ εὐαγγ... λυτὰ εἰσὶ τὰ γράμμ.
[2] Ce manuscrit est celui que nous avons signalé plus haut, Cod. XIII. Le
suivant est notre Cod. XI. Pour l'église de Mangalémi, M. Alexoudis fait mention
de deux évangiles : dans la visite que j'ai faite, j'ai vu le Cod. XII seul, lequel
est inexactement traité ici de μικρόν.

Nᵒ 2.

Extrait du diptyque de Saint-Georges (cod. IX).

Μνήσθητι Κύριε ὑπὲρ τοῦ δούλου σου Σκουρηπέκη
καὶ τῆς συμβίου αὐτοῦ καὶ τῶν τέκνων αὐτοῦ.

Πατέρες ἅγιοι, οὗτος ὁ Σκουρηπέκης ἐχάρισεν[1] τῆς μονῆς
τοῦ μεγάλου Θεολόγου καὶ τοῦ ἁγίου Γεωργίου βιβλία κζ' τὰ
διαλεκτὰ καὶ τὰ κριτότερα.

Ὅταν ἐκούρσεψαν οἱ Σέρβοι[2] τὰ Βελάγραδα, ἠνέταξαν,
ἐκρεμνοῦσαν δεξιᾷ καὶ ἀριστερᾷ τὰς ῥύμνας ἀπέσω εἰς τὸ Κάστρον,
ὁ παπᾶς Θεόδουλος δὲ ἐκεῖνος θαρρώντας[3] εἰς μικρὰν ἐνο-
ρίαν[4] ἐπαρεκάλεσεν τὸν τοιοῦτον καὶ ἀπῆγέν τον ἕως τὸν πύργον
εἰς τὴν μεγάλην πόρταν τοῦ Κάστρου. Καὶ ἀπογλύτωσαν[5] τὰ
τοιαῦτα κζ' βιβλία, καὶ ἐκουβάλισάν[6] τα ἔσω εἰς τὸν κουλᾶν[7]
εἰς δ' φοράς ὁ ἱερομόναχος ἐκεῖνος εἰς τὸν ὦμόν του καὶ εἰς τὰς
χεῖράς του[8] ἀπὸ β'[9].

Οἱ σύντροφοί του δὲ[10] ἐκούρσευαν[11] καὶ ἐδιαφόρουσαν[12].

Τοῦ ἱερομονάχου δὲ οἱ ἀδελφοὶ ἐξέφυγαν καθὼς καὶ ὅλον τὸ Κά-
στρον.

Καὶ οἱ ἀγαπῶντες τὸν Κύριον ἡμῶν Ἰησοῦν Χριστὸν καὶ τὸν
μέγαν Θεολόγον καὶ τὸν ἅγιον Γεώργιον, εἴπετε τὸ Ὁ Θεὸς
συγχωρήσοι καὶ τοῖς δύο[13].

Εἰ δὲ καὶ εὑρίσκηται[14] εἰς τὸ θέμα τῶν Βελαγράδων, πρέ-

[1] Ἐχάρισεν == donavit?
[2] Vid. quæ adnotavi pag. 16.
[3] Θαρρώντας == θαρρῶν.
[4] Ἐνόραν, ms.
[5] Servaverunt.
[6] Deportaverunt.
[7] Turrim.
[8] Καὶ ὁ Σκουρηπέκης, supple.
[9] Vicibus quatuor, bini portant binos codices.
[10] Οἱ σύντροφοί του δὲ : amici τοῦ Σκουρηπέκη?
[11] Ἐκούρσευαν ms. == venerant?
[12] Ἐδιαφόρουσαν == adsportaverunt?
[13] Pax Domini sit cum eis, seu orationem solemnem.
[14] Εὑρίσκητε ms.

πον ἐσῖιν, πατέρες, νά τον ἔχητε ἀναγκαῖον φίλον καὶ πεπληροφο-
ρημένον [1], ἐπεὶ οὐδὲν ἀμέλησεν τὴν α΄ ἡμέραν. Εἰ δὲ εἶχεν παρα-
διδᾶ ἡ α΄, οὐδὲν ἂν [2] ἤθελεν εὑρεθῇ. Ὅτι τὴν δευτέρην ἡμέραν
ἦλθαν ἀπὸ τὸν Τίμουραν [3] οἱ Σέρβοι καὶ οἱ Βλάχοι, καὶ ὑπέ-
σκαφταν καὶ τοὺς νεκρούς.

Καὶ ἐνόσησεν ὁ Σκουρηπέκης διὰ πολλῶν ἡμερῶν.

Καθὼς καὶ ἡ γῆ [4] ἐσείσθη ἡμερᾷ δ΄ ἰουλίου εἰς τὰς ς΄ [5], καὶ
ἐσείσθη τὸ Κάστρον ἡμερᾷ ε΄, καὶ ἐσκορπίσθησαν οἱ Βελαγρά-
δινοι ἐκ κάσῖροθεν εἰς ὅλον τὸν κόσμον.

Ἐν τῷ ϛωξδ΄ ἔτει [6].

Εἰσὶ τὰ βιβλία τὰ ὁποῖα ἀπεγλύτωσεν ὁ αὐτὸς ὁ Σκουρηπέκης
ἱερομόναχος [7] τὸν Θεόδουλον ἐν πρώτοις οἱ ἑξαήμεροι οἱ ϛ΄ [8].

—— κομμάτια [9] ϛ΄, ἤτοι σεπῖέβριος ὀκτώβριος νοέμβριος δεκέμ-
βριος ἰανουάριος, καὶ ἄλλον κομμάτι ἰανουάριον καὶ τὸ καλο-
καιρινόν,

—— συναξάρια βιβλία γ΄ [10],

—— Θεολόγον [11],

—— σῖοιχηράρην τὸ διπλοτονισμένον [12], καὶ ἄλλον ἓν παλαιόν,

—— ἀπόσῖολος καὶ πραξαπόσῖολος [13],

—— τριώδιον [14],

—— προφήτας [15],

—— ὀκτώηχος [16],

[1] Πεπληροφορημένον ? forsan « perfectum ».
[2] Οὐδέναν ms.
[3] Mons qui vulgo nunc dicitur Tomor, prope urbem.
[4] γῆς ms.
[5] Εἰς τὰς ς = Hora sexta.
[6] = 1356.
[7] Locus desperatus, nisi legas μὲ ἱερομόναχον.
[8] Liber commentariorum in Genesim vel potius opus liturgicum.
[9] Μηναῖων intellige. — Insuper de libris ecclesiasticis Graecorum consulas Cave
Historia litteraria, t. II, p. 17*. Dissertatio secunda (Edit. Genev. 1699).
[10] Id est vitae Sanctorum in compendium redactae et expositiones breves in solemni-
tales.
[11] Evangelium secundum Joannem vel Apocalypsis.
[12] Caeremoniale ubi de Stichariis seu de vestibus clericorum, ni fallor.
[13] Intellige epistolas D. Pauli et Acta Apostolorum, ordine lectionum.
[14] Officiorum liber quae recitantur a Septuagesima ad Sabbatum sanctum.
[15] Lectionarium suspicor.
[16] Octotonus, Cantionum liber secundum varios tonos dispositarum.

—— ἁγιογεωργικὺν τὸ ρωμαϊκόν [1].

—— ***

—— μηναῖα κομμάτια ε΄ ἤτρι αὔγουσῖος σεπῖέμ6ριοὶ ὀκτώ6ριοὶ ἰανουάριος φε6ρουάριοὶ τὰ καλλίτερα,

—— τὸ ψαλτήριον τοῦ κῆτορος μὲ τὴν χροσόγραμμίαν.

—— τὸ σεντουκόπουλον [2] μὲ τὰ δικαιώματὰ ἅπερ εὑρισκόντιὑς [3] ἐσήκωσεν ὁ παπᾶς Θεόδουλος ἐπὶ τοὺς Σέρ6ους,

—— τετρευαγγέλιον Βουλγαρίας [4].

—— τετραευαγγέλιον τὸ οἰκειόχειρον τοῦ Χρυσοσῖόμου ἀσημόγραφον [5].

—— τὸν ωραξαπόσῖολον τὸν ωολιτικόν [6].

—— ἁγιογεώργικον.

Ἐξαγόρασεν τὸ μέγαν τὰ εὐαγγέλιον, καὶ τὰ μικρὸν τὸ ἐπιτραχήλιν [7]· τὸ ἐπιτραχήλιν μὲ τοὺς Ἰεράρχας ἐσήκωσεν. Ἐσήκωσεν τὸ τραπεζόφορον [8] ς΄, καὶ ωοδέας [9] ς΄, καὶ τὰ γ΄ σκεπάσματα [10] εἰς τὰς ἁγίας εἰκόνας.

Ἐρευνήσατε, ωατέρες ἅγιοι, καὶ εἰ μὲν*** εἰ δὲ τύχη να ἤλθουν ἄλλοι καὶ θέλη βουληθοῦν νὰ ἀρατίσουν [11] ***εἰ δὲ τὰ ὅσα γράφουν τις κόψη ἔσῖω ἐπικατάρατος καὶ ἀφωρισμένος ἀπὸ Πατρὸς Υἱοῦ καὶ ἁγίου Πνεύματος, καὶ ἀπὸ τὴν ὑπεραγίαν Θεοτόκον, καὶ τὸν μέγαν Θεολόγον, καὶ ἀπὸ τὸν ἅγιον Γεώργιον, καὶ ἀπὸ τὸν κῆτοραν τῆς ἁγίας μονῆς τοῦ κοινοβίου ***

[1] Vita S. Georgii latine.
[2] Σεντουκόπουλον = cassette.
[3] Εὑρισκόντας = εὑρῶν.
[4] Βουλγαρηῖ?
[5] Codex φ.
[6] Id est Constantinopolitanus.
[7] Stolam intellige, ut dicunt Romani.
[8] Italice « pala ».
[9] Gremiale.
[10] Vela.
[11] Totus locus obscuritate pessima squalet præ lacunis.

www.ingramcontent.com/pod-product-compliance
Lightning Source LLC
Chambersburg PA
CBHW051736090426
42738CB00010B/2289